本成果受到中国人民大学 2020 年度"中央高校建设世界一流大学（学科）和特色发展引导专项资金"支持

# 财政政策与经济稳定

李戎 著

中国财经出版传媒集团

中国财政经济出版社

图书在版编目（CIP）数据

财政政策与经济稳定／李戎著．－－北京：中国财政经济出版社，2021.3

ISBN 978-7-5223-0371-0

Ⅰ.①财… Ⅱ.①李… Ⅲ.①财政政策－研究－中国②经济稳定－研究－中国 Ⅳ.①F812.0②F124

中国版本图书馆 CIP 数据核字（2021）第 023537 号

责任编辑：马　真　　　　　责任校对：胡永立
封面设计：北京兰卡绘世　　责任印制：党　辉

财政政策与经济稳定
CAIZHENG ZHENGCE YU JINGJI WENDING

中国财政经济出版社 出版

URL：http://www.cfeph.cn
E-mail：cfeph@cfeph.cn

（版权所有　翻印必究）

社址：北京市海淀区阜成路甲 28 号　邮政编码：100142
营销中心电话：010-88191522
天猫网店：中国财政经济出版社旗舰店
网址：https://zgczjjcbs.tmall.com
北京财经印刷厂印刷　各地新华书店经销
成品尺寸：170mm×240mm　16 开　10.75 印张　146 000 字
2021 年 3 月第 1 版　2021 年 3 月北京第 1 次印刷
定价：48.00 元
ISBN 978-7-5223-0371-0
（图书出现印装问题，本社负责调换，电话：010-88190548）
本社质量投诉电话：010-88190744
打击盗版举报热线：010-88191661　QQ：2242791300

# 前　言
## ——兼论"双循环"格局下的积极财政政策提质增效

在现代国家经济治理中，财政政策的重要性不言而喻。特别是在经济下行时期，财政政策通过扩大支出、减少税收等措施，进行逆周期调节，可以有效地帮助经济复苏、平抑经济周期。经济发展不断面对新的形势和新的挑战，为了应对纷繁变化的经济格局，研究者应该全面考察财政政策的政策效果和传导机制，在深入理解经济机理的基础上，设计更加符合当前经济格局的最优政策措施，本书的写作目的就在于此。在具体内容上，本书以财政支出的扩张效果为研究主体，结合理论分析与实证研究，考察财政支出扩张的经济稳定效果和传导机制，并讨论相应的改革措施，以使财政政策更加有效。

2020年以来，新冠肺炎疫情的爆发和美国对华经济的不断施压，中国经济面对内外双重压力。有鉴于此，国家提出以中国超大规模市场优势和巨大内需潜力为基础，推动形成以国内大循环为主体、国内国际双循环相互促进的新发展格局。在国内国际"双循环"格局下，财政政策应该如何发力，才能够提质增效，有效缓解国内外经济压力，助力经济健康稳定发展，笔者认为应该从扩大内需、鼓励创新以及完善中央和地方的财权事权分配等几方面入手。

一是扩大内需。国内国际"双循环"新发展格局的一个出发点是我国经济已进入高质量发展阶段，国内市场潜力巨大。我国有完整的工业体系和强大的生产能力，还拥有4亿多中等收入群体和仍在进行的城市化过程，投资和消费需求潜力巨大。国内经济大循环为主体，要求充分激发我国的内需潜力。对于财政政策来说，有效扩大内需，特别是有效刺激私人部门的内需是财政政策的重要目标。需要指出的是，传统上财政政策以刺激投资需求为主，以政府投资的生产性带动企业投资。推动国内经济大循环，财政政策应该转型为以刺激消费需求为主，着力扩大居民部门的需求，通过在医疗卫生、教育、社会福利等领域扩大财政支出，通过财政支出与居民消费之间的互补性这一渠道，带动居民部门扩大消费。

二是鼓励创新。推动国内经济大循环，需要以满足国内需求作为经济发展的立足点，更多地依托国内市场进行生产、流通和消费。国内经济循环的畅通要求构建完善的供给体系，使得供给体系和经济高质量发展阶段的国内需求更加适配。这就要求财政政策与深化供给侧结构性改革相结合，创造有利于基础研发和新技术应用的政策环境，提升产业链完整度，维护产业链安全。落实到具体政策层面，财政政策应结合减税和补贴等措施，鼓励企业研发，特别是在基础科学和关键技术领域的研发。需要注意的是，政策优惠措施应注重机制设计，预防道德风险行为，将优惠落到实处。

三是中央和地方财权事权的分配。传统上，财政政策的实施主体是中央政府，由于地方竞争等原因的存在，学术界通常认为地方政府应以提供基本公共服务为主要职责，将维护经济稳定的职责交由中央政府。然而，中国幅员辽阔，不仅各地区经济发展情况不平衡，还存在着经济周期在各地区间的差异。当东部沿海地区受到国外经济冲击而进入经济下行区间时，中西部地区可能还存在经济过热的问题。经济周期的地区差异使得由中央政府实施的统一的财政政策无法匹配所有地区的政策需求，产生了政策与当地实际需求的矛盾。此外，从地方信息的角度来说，相比于地方政府，中央政府对于地方的经济情况的掌握具有时滞性和大量的噪声干扰。信息劣势使得中央政府无法及时地、准确地为地方提供适合的财政政策。因此，即使中央政府有意制定适合不同地区的个性化政策方案，也会由于信息劣势的原因使得政策效果有所降低。经济周期的地区异质性和地方政府信息优势的存在，使得地方财政政策在稳定地方经济的作用上有了更大的用武之地。在打造国内国际"双循环"的背景下,将国内各地区的供给和需求更加有效地结合起来,发挥地方政府的信息优势,也将成为财政政策提质增效的关键一环。

本书将对以财政支出扩张为主的积极财政政策效果进行深入讨论,并结合国内国际"双循环"的战略部署,给出相应的政策建议。全书分为六章,具体的安排如下:第一章从文献挖掘和整理出发,讨论文献中对财政政策,尤其是财政乘数这一研究主题的进展。第二章将从实证和理论两方面讨论非线性财政乘数,即财政支出扩张在经济繁荣和经济衰退时期的乘数差异。第三章从货币政策与财政政策协调和财政支出结构的角度,讨论中国财政乘数的大小和传导机制。第四章研究地方政府的财政政策并估计中国地方财政乘数。第五章讨论新冠肺炎疫情冲击下的财政政策。第六章讨论进一步研究的方向。

作者<br>
2021 年 1 月

# 目 录

**第一章 扩张性财政政策能够有效刺激经济吗?** …………………( 1 )
  一、引言 ………………………………………………………( 1 )
  二、扩张性财政政策理论的新进展 …………………………( 6 )
  三、基于宏观数据的实证分析 ………………………………( 16 )
  四、基于地区数据的实证分析 ………………………………( 22 )
  五、总结与展望 ………………………………………………( 27 )

**第二章 财政支出在经济繁荣和衰退时期的非线性效应** …………( 29 )
  一、经济繁荣和经济衰退时期的财政乘数的跨国实证分析 ……( 30 )
  二、非线性财政乘数的理论分析 ……………………………( 42 )
  三、政策思考 …………………………………………………( 52 )

**第三章 货币政策协调、财政支出结构与积极财政政策提质增效**
  ……………………………………………………………………( 54 )
  一、引言与文献综述 …………………………………………( 54 )
  二、经验事实 …………………………………………………( 58 )
  三、模型构建、参数赋值与估计 ……………………………( 65 )
  四、财政支出扩张的经济效果和传导机制 …………………( 79 )
  五、结论与政策启示 …………………………………………( 89 )

## 第四章　中国地方财政乘数测算 ……………………………（ 93 ）
　　一、引言 …………………………………………………（ 93 ）
　　二、制度背景和数据 ……………………………………（ 96 ）
　　三、地方政府财政乘数 …………………………………（101）
　　四、结语 …………………………………………………（124）

## 第五章　新冠肺炎疫情冲击下的财政政策思考 ……………（126）
　　一、新冠肺炎疫情期间的财政政策思考一：短期损失不可避免，
　　　　要竭力防止留下后遗症 ………………………………（126）
　　二、新冠肺炎疫情期间的财政政策思考二：不确定性冲击下的
　　　　政策 ……………………………………………………（127）
　　三、财政政策与"六稳" …………………………………（129）

## 第六章　财政政策未来研究思考 ……………………………（136）
　　一、财政政策对微观企业的影响 ………………………（137）
　　二、地方信息和地方财政政策有效性 …………………（139）
　　三、政府在宏观经济中的角色和作用 …………………（141）
　　四、总结 …………………………………………………（144）

**参考文献** ………………………………………………………（146）

**后记** ……………………………………………………………（160）

# 第一章　扩张性财政政策能够有效刺激经济吗？
## ——财政政策研究的新进展

## 一、引言

　　财政政策的经济刺激效果的研究是经济学界自凯恩斯以来长期关注并持续探索的主题。针对这一问题的研究之所以经久不衰，主要原因有如下两点：

　　第一，自20世纪30年代以来，凯恩斯主义的财政政策已经成为各国政府平滑经济周期波动的主要工具并且政策成本高昂。特别是当经济陷入严重衰退的时期，耗资巨大的扩张性财政政策往往成为各国政府普遍采取的应对措施。例如，随着2008年金融危机的爆发，美国政府在2009年推出了自大萧条以来最大规模的经济刺激计划"美国经济复苏与再投资法案"，该经济刺激计划实际耗资高达8400亿美元，这一数字甚至高于"9·11"事件以来美国政府在伊拉克战场上的总支出（Dupor和Guerrero，2017）。中国政府在2008年年底也相应实施了"进一步扩大内需、促进经济平稳较快增长的一揽子计划"（俗称"四万亿计划"），其总规模更是达到了2009年GDP的11.5%。如此高昂的成本不仅给国家财政带来了巨大压力，也深刻影响着一国长期的经济发展。最近一段时期以来，随着我国和美国的贸易摩擦升级、国内经济增长放缓，学术界和政策界再一次把目光投向了财政政策，特别是以大规模基建支出为代表的财政政策扩张。那么，财政政策刺激的实际效果如何，能不能有效地熨平经济波动？这成为政策制定者和经济学界共同关心，并且必须搞清楚的问题。

第二，在学术研究中，对财政政策能否有效熨平经济波动，起到稳定宏观经济的作用这一问题远远未达成共识。产生这一现象的原因主要有两个方面：一是实证研究方面，由于财政支出、税收等财政政策变量与 GDP 等经济变量有着很强的内生性，要想定量分析出财政政策对经济影响几何，需要通过施加识别假设以识别出外生的财政政策变动（Blanchard 和 Perrotti，2002）。已有的研究中，由于施加的识别假设不同，得到的结论也会不同，甚至相反（Ramey，2011b；Ramey 和 Zubairy，2018）。在当前的文献中，还未出现一种公认的完美的识别方法，因此，对财政政策的经济影响的实证研究仍然在争论中不断前进。二是理论研究方面，财政政策对经济变量的影响往往会随着在宏观经济模型中所加入的不同特征因素而变化。举例来说，货币政策的零利率下限（Zero Lower Bound）在经典的新凯恩斯主义宏观经济模型中被认为是财政政策有效的情境之一（Eggertsson 和 Woodford，2006；Christiano 等，2011；Woodford，2011；Erceg 和 Linde，2014）。然而，当考虑到财政支出在短期扩张之后的财政反转，即财政支出由于政府债务的攀升不得不降低到长期趋势之下这一情况时，短期的财政刺激政策即使在货币政策处于零利率下限时也不能有效刺激居民消费（Li 和 Tian，2018）。再比如，当考虑到政府消费和居民消费存在互补性时，政府消费的增加由于提高了居民消费的边际效用，因此可能产生对居民消费的挤入效果（Bouakez 和 Rebei，2007；Fève 等，2013；李广众，2005；王文甫和朱保华，2010）。然而，如果将模型中进一步加入公共品建设周期这一因素时，政府消费和居民消费互补性这一特征反而会成为挤出居民当期消费的因素（Li 和 Li，2018）。从上述两个例子可以看出，财政政策是否能有效刺激经济这一问题，在理论研究中也有着巨大分歧。究其根本，财政政策内涵丰富、内容复杂，其效果取决于政策执行方式、经济环境、居民偏好等多种因素。因此，对财政政策的不断探索一方面为政策制定者提供了越来越多的理论参考，另一方面也推动了经济学理论自身的不断发展。

自 2008 年国际金融危机爆发，进而引发全球性的经济危机以来，各国政府纷纷利用大规模财政刺激政策试图挽救陷入衰退的经济。这一轮的财政刺激政策呈现出一些新的特点：一是以政府支出扩张为主，且规模较大；二是伴随着大规模财政刺激政策的实施，政府债务迅速扩大；三是同期传统货币政策受到了零利率下限的限制。这些新的特点激发了学术界研究财政刺激政策的新一轮热潮。研究者们围绕着财政乘数的大小、政府支出对私人消费的挤出或挤入效应、财政刺激政策能否有效带动私人部门的就业和产出等问题，从理论和实证两个角度进行了深入的探索。

理论研究方面，自 Keynes 首次提出通过扩大政府支出以挽救经济的观点以来，经济学家们就这一问题进行了持续的深入研究。20 世纪 80、90 年代，以 Barro 和 King（1984）、Aiyagari 等（1992）及 Baxter 和 King（1993）为代表的经济学家基于新古典宏观经济学模型对财政政策在一般均衡框架下进行了开创性的分析。近年来，随着动态随机一般均衡模型在宏观经济分析中的广泛应用（如 Christiano 等，2005；Smets 和 Wouters，2007），大量学者以此模型为基础，通过在模型加入新的特性来研究在不同情境之下财政政策对个体行为和宏观经济的影响（如 Galí 等，2007；Cogan 等，2010；Leeper 等，2010）。经典的新古典和新凯恩斯宏观经济模型的一个共同点是，由于存在税赋增加带来的负向财富效应，财政支出的扩大通常会挤出私人部门的消费，从而使财政乘数小于 1。然而部分的实证研究发现，财政支出的扩张也可能挤入私人消费（如 Blanchard 和 Perotti，2002；吴俊培和张斌，2013）。鉴于理论和实证的相互矛盾，一方面经济学家们开始对现有模型进行改进，加入新的渠道，以期在理论上能够实现财政支出对私人消费的挤入作用（如 Bouakez 和 Rebei，2007；Galí 等，2007；Ravn 等，2006，2012；Fève 等，2013；Zubairy，2014 等）。另一方面，在上一轮经济危机和扩张性财政政策的实施过程中，以美国为代表的西方国家的货币政策受到了零利率下限（Zero Lower Bound）的制约。这一现象也引起了众多研究者的重视，产生了大量理论文章（如 Eggertsson 和

Woodford, 2006; Woodford, 2011; Christiano 等, 2011; Erceg 和 Lindé, 2014; Rendahl, 2016; Bouakez 等, 2017; Nakata, 2017; Li 和 Tian, 2018)。此外, 也有部分文献对扩张性财政政策的融资方式和支出类型进行了分析, 发现不同的融资方式和支出类型对财政政策的经济刺激效果产生了重要影响 (如 Burnside 等, 2004; Leeper、Plante 和 Traum, 2010; Leeper、Walker 和 Yang, 2010; Corsettti 等, 2012; Drautzburg 和 Uhlig, 2015)。这些理论研究的最新进展, 使得对财政政策的宏观效应的分析更加全面和深入。

实证研究方面, 分别基于一国或多国的宏观数据和一国之内的地区财政经济数据, 产生了两条主线的研究。在宏观经济层面, 文献中多采用结构性向量自回归的分析方法。不同论文的主要差异在于: 一是对于政府支出外生变动的识别假设不同; 二是数据所涵盖的时间跨度或国别不同; 三是是否关注样本时间内的区制转换。由于政府支出与经济产出存在内生性问题, 对于政府支出外生变动的识别假设是利用宏观数据研究的关键, 常用的识别假设有: 短期内 (通常为一个季度的时期内) 政府支出不随着宏观经济波动而变化 (如 Blanchard 和 Perotti, 2002); 由战争或战备状态导致的军事支出的增加 (如 Ramey 和 Shapiro, 1998; Edelberg 等, 1999; Eichenbaum 和 Fisher, 2005; Fisher 和 Peters, 2010; Ramey, 2011a; Dupor 和 Li, 2015); 利用向量自回归脉冲响应函数的方向进行 (符号) 识别 (如 Mountford 和 Uhlig, 2009)。进一步研究发现, 在经济的不同繁荣程度下, 财政政策的效果显著不同。因此, 部分学者在实证研究时, 对较长时间序列样本区间的经济繁荣或衰退进行了区分, 即考虑了样本时间内的区制转换 (如 Auerbach 和 Gorodnichenko, 2012; Bachmann 和 Sims, 2012; Ramey 和 Zubairy, 2018)。值得注意的是, 不同的识别假设经常会得到有较大差异, 甚至完全相反的结果, 而目前已知的识别假设都具有一定缺陷, 尚未出现一种获得公认的识别方法。这也使得宏观经济学研究在这一领域不断推陈出新, 长盛不衰。

近年来, 相当一部分实证研究借助地方政府在财政政策执行上的差异，利用地区财政经济数据检验扩张性财政政策对地区就业、产出和消费的影响，估计出地区财政乘数。这一类文献的特点是，将宏观经济问题的实证研究微观化，即利用微观计量领域的常用方法对宏观经济问题加以研究。对政府支出外生变动的识别同样是这一类文献中面对的首要问题，常见的识别方法有：一是利用中央或联邦政府的财政刺激资金在各地方政府之间，依据某种公式而不是经济状况进行分配所导致的地区差异进行识别（如 Chodorow-Reich 等，2012；Wilson，2012；Conley 和 Dupor，2013；Li，2017）；二是利用中央或联邦政府的转移支付制度进行识别（如 Cohen 等，2011；Guo 等，2016）；三是利用其他制度性差异进行识别（如 Fishback 和 Kachanovskaya，2010；Shoag，2010；Clemens 和 Miran，2012）。对地区财政乘数的实证研究弥补了传统宏观实证的不足，为充分理解财政政策的效果提供了新的思路和角度。

本章对财政支出是否能够有效刺激经济这一主题的相关研究进展进行全面的梳理，这一梳理有着学术和政策两方面的贡献。在学术层面将沿着上述三条理论和实证研究主线，对扩张性财政政策的经济刺激作用的文献进行系统分析与评述，力求呈现出三条主线的最新进展，并在此基础上对进一步可能的研究方向进行展望。与已有的相关研究综述（如 Ramey，2011b）相比，本书所涵盖的内容更加丰富，不仅整理了 2011 年后的大量文献，而且对理论研究的新进展和实证领域的研究成果同时进行了系统考察。在政策方面，长期以来，财政政策是我国宏观调控的重要工具。对学术研究成果的梳理有助于帮助政策制定者对政策传导机制和效果有着更加清晰和全面的理解，从而能够根据具体的政治经济状况制定更加有效的财政政策。

本章的第二、三、四部分，分别对上述三条主线的文献进行梳理，试图全面呈现这一领域的主要研究成果和最新进展。第五部分是进一步研究的展望和总结。

## 二、扩张性财政政策理论的新进展

在一般均衡框架下的分析在最近30年来逐渐成为宏观经济学理论研究的范式。Barro 和 King（1984）、Aiyagari 等（1992）以及 Baxter 和 King（1993）使用新古典增长模型研究了均衡框架下财政政策、财政支出对产出、就业和利率的影响。新古典模型表明，财政支出的变动带来了财富效应和跨期替代效应，家庭的消费、投资和劳动供给决策会因此做出相应的调整。当财政支出增加时，要么通过增加当期税负，要么通过发行债券来融资。在不考虑非李嘉图等价和扭曲性税收的情况下，税负或政府债务的增加直接减少了家庭部门的永久收入，从而产生了负的财富效应。这一效应不仅会影响家庭部门当期的劳动供给和消费，还会通过改变家庭的储蓄和投资行为进而产生持续的影响力。Aiyagari 等（1992）的研究表明，永久性的政府支出的增加比临时性的财政支出扩大能够产生更大的效应。另外，当考虑扭曲性税收时，扭曲性税率的增加会对经济行为产生负向激励效果，直接减少家庭的税后劳动或资本收入，通过当期的消费和劳动之间的替代效应影响了家庭部门的行为。无论是负的财富效应还是替代效应，标准的新古典经济模型都表明，政府支出的增加会挤出家庭部门的消费，从而使得财政乘数小于1。

随着生产部门的垄断竞争、黏性价格等要素的引入，新凯恩斯主义模型越来越受到研究者的重视。然而，Galí 等（2007）、Cogan 等（2010）和 Woodford（2011）等人的研究表明，标准的新凯恩斯主义模型（如 Smets 和 Wouters，2007）并不能产生财政支出对家庭消费的挤入作用。原因在于，新凯恩斯主义模型是在新古典经济学模型的基础上引入了垄断竞争、价格黏性等要素，这些要素的引入并不能从根本上改变财政支出增加带来的负的财富效应、跨期和当期的替代效应等。相反，以 Blanchard 和 Perotti（2002）为代表的部分实证研究发现，政府支出具有挤入家庭消费的效果。一方面，这一理论和实证研究的矛盾促使学术界开展了大量的研究，成为财政政策领域理论研究不断向前推进的动力源泉。另一方面，为了简化分析，大部分理论研究通常假设政府通过征收当期或未来的人头税（Lump - Sum Tax）进行融资，并且对财政支出的类型缺乏细致讨论。然而，无论是融资方式还是财政支出类型对财政政策的经济效果都有着显著的影响（Finn，1998；Ramey，2011b）。在本章中，我们将按照如下两个支线梳理和讨论理论研究的新进展：一是探索财政支出挤入家庭消费的可能机制的理论文献；一是细致分析财政支出内部结构和融资方式的理论文献。

### （一）产生挤入效应的几种渠道

在本小节中，我们围绕着政府支出挤入家庭消费的可能渠道和机制，系统梳理研究这一领域的最新文献。文献中出现的新机制主要有如下几种：（1）引入依据经验法则（Rule of Thumb）进行跨期决策的家庭；(2) 私人消费和公共消费的互补性；(3) 消费的深度习惯（Deep Habit）；(4) 消极的货币政策或零利率下限；(5) 引入财政政策在短期刺激之后的反转。接下来，我们通过对文献的梳理和评述逐个介绍上述几种机制。

**1. 经验法则与家庭跨期决策**

在通常的宏观经济学模型设定中，家庭以最大化终身效用为目标，在预算约束的制约下，进行当期和跨期的最优选择。标准的宏观经济模型具有李嘉图等价性质，对于家庭来说，当政府通过发行国债为政府支出的扩大进行融资时，所带来的负的财富效应与直接增加当期的一次性总赋税（Lump - Sum Tax）并没有什么不同。因此，政府支出的扩大往往会挤出家庭部门的消费。但是，按照经验法则（Rule - of - Thumb）来进行决策的家庭则有所不同，这一类家庭的特点是不进行跨期最优决策，而是根据当期的收入水平决定当期的消费。因此，这类家庭的边际消费倾向较高。Galí 等（2007）证明，当一个经济满足如下两个条件时，政府支出的提高能够挤入家庭部门的总消费：一是经济中有相当比例的家庭（大于50%）是按照经验法则行事的；二是就业水平由劳动需求而非劳动供给决定，即厂商有多少劳动需求，家庭就提供多少劳动供给。这一模型产生消费挤入效应的原理是,当政府支出提高时,厂商为了供应足以满足市场需求的产品数量,需要相应地提高劳动需求。由于就业水平由劳动需求决定,那么家庭的收入就会随着就业水平的提高而增加。对依据经验法则行事的家庭而言,由于其较高的边际消费倾向,收入的增加极大地提高了其消费水平。由于经济体中有着众多的这一类家庭,家庭部门的总消费就可能呈现出挤入效应。

诚然,经验法则这一假设较强,其之所以被学术界所接受是因为它是现实经济中存在的一些现象的合理简化。现实经济生活中,有相当一部分家庭无法执行最优的跨期选择,一个主要原因就是信贷约束。当一个家庭受到信贷约束时,通常表现为无法获得贷款而不得不被迫降低消费。对于这部分家庭来说,由于当前的消费水平并未达到其不受信贷约束情况下的最优消费水平,收入的增加将直接转化为更高的消费。从宏观角度观察,受到信贷约束影响的家庭所表现出来的消费行为与按照经验法则行事的家庭是一致的。因此,经验法则这一假设被学术界广泛接受并使用(如Bilbiie 等,2008;Drautzburg 和 Uhlig,2015;李永友和丛树海,2006;王文甫,2010;郭长林等,2013)。然而,Galí 等(2007)方法的一个显著缺陷是,模型中需要具有相当比例的按照经验法则比例行事的家庭(大于50%),才能够在总体上得出财政支出对私人消费的挤入作用。

**2. 私人消费和公共消费的互补性**

在常见的宏观经济模型中,政府消费不会对家庭消费的边际效应产生影响。然而,Fève 等(2013)和李广众(2005)等人的研究表明,政府消费与家庭消费之间具有较强的互补性。当引入这一互补性时,政府支出的扩大能够有效挤入家庭部门的消费,从而使得财政乘数显著大于1(如Bouakez 和 Rebei,2007;Pappa,2009;Fève 等,2013;王国静和田国强,2014)。具体来说,在这一类模型中,政府部门的消费(G)和家庭消费(C)以如下形式共同进入消费者的效用函数中:

$$\tilde{C}_t = [\phi C_t^{(\nu-1)/\nu} + (1-\phi) G_t^{(\nu-1)/\nu}]^{\nu/(\nu-1)}$$

其中,$\tilde{C}_t$ 为具有固定替代弹性(CES)形式的有效消费,$\phi$ 为家庭消费在有效消费里的比重，$\nu > 0$ 为家庭消费和政府消费的替代弹性。当 $\nu = 0$ 时，家庭消费和政府消费为完全互补品，当 $\nu$ 增大时，二者逐渐演进为替代品。当 $\nu$ 足够小时，即二者呈互补性的情况下，政府消费的增加同时提高了家庭消费的边际效用。这一边际效用的提高促使家庭提高消费，从而使得政府支出的扩大对家庭消费产生了挤入效果。

这一类模型的设定中，通常假设全部政府消费都与家庭消费具有互补性。然而，这一假设有两个方面的问题。第一，是否所有类型的政府消费都与家庭消费具有互补性。事实上，在很多领域，如教育与医疗领域，微观层面的研究对政府支出与家庭支出是相互替代还是互补这一问题，尚存在一定争议。第二，即使所有类型的政府消费都与家庭消费呈现互补性，那么不同类型的政府支出与家庭消费的替代弹性是否相同？对于这两个问题，文献中尚没有很好的答案，需要从微观数据中找到进一步的证据，也成为该领域进一步研究的方向。

### 3. 消费的深度习惯

消费习惯（Habits）通常指消费者对于其总体的消费水平存在惯性，当消费水平偏离了这一习惯水平时，消费者会遭受一定的效用损失。与一般意义上的消费习惯不同，Ravn 等（2006）提出了消费的深度习惯（Deep Habits）这一概念，用以指代消费者对每一种单一品类的消费水平产生的惯性。举例来说，消费者可能会习惯于每年享受一次旅行，当某一年由于某些原因没有出行成功时，即使总消费水平保持不变，其效用亦可能会在一定程度上减少。具体来讲，该类模型通常假定消费者购买一系列的不同的消费品 $c_{it}$, $i \in [0,1]$。众多的消费品以如下形式进入消费者的效用函数：

$$C_t = \left[ \int_0^1 (c_{it} - \theta c_{it-1})^{1-1/\eta} di \right]^{1/(1-1/\eta)}$$

其中，$c_{it-1}$ 即表示为消费者对第 $i$ 类商品的深度消费习惯。当 $c_{it} < c_{it-1}$ 时，消费者由于对第 $i$ 种商品的消费水平低于了往期的消费习惯，产生了负效用。

当引入消费的深度习惯时，经济的供给侧受到了较大的影响，这是因为消费者对某一种商品的未来的需求取决于对该商品当前的消费水平。在这一机制的影响下，厂商更愿意执行逆周期的定价策略，即在经济繁荣时降价来扩大市场份额、培育消费习惯。Ravn等（2006，2012）和Zubairy（2014）等人的研究发现，引入深度消费习惯能够使得政府支出扩大挤入家庭消费。机制如下：当政府支出增加扩大需求时，厂商在提高名义工资以扩大劳动需求的同时，会根据逆周期的定价策略降低价格加成，从而使得实际工资上升。实际工资的上升增加了家庭的收入，克服了政府支出扩大带来的负的财富效应，进而使得家庭的消费增加。这一机制的关键就在于厂商由于消费的深度习惯而采取的逆周期的定价策略。而这一逆周期的定价策略也恰恰是实证研究所证实的（Rotemberg和Woodford，1999）。因此，深度习惯的引入也逐渐被学术界所接受。

**4. 消极的货币政策或零利率下限**

Woodford（2011）的研究发现，财政政策的有效性取决于货币政策的配合程度。所谓货币政策的配合是指在执行扩张性财政政策的时期，货币政策也同时保持扩张而不是紧缩的态势。然而，由新凯恩斯菲利普斯曲线得知，当政府支出扩大时，通胀会随着需求的增加而上涨。当中央银行保持货币政策的独立性，并且依据泰勒规则执行货币政策时，货币政策会随着通胀的上升而呈现紧缩的态势。因此，扩张性财政政策的效果会由于货币政策的紧缩而减弱。

Eggertsson和Woodford（2006）、Woodford（2011）、Christiano等（2011）的研究表明，当中央银行执行消极的货币政策，或者货币政策受制于零利率下限时，财政政策能够有效地刺激居民部门的需求，从而产生大于1的财政乘数。理论上，当政府支出扩大商品需求时，通胀和通胀预期随之提高。由于货币政策受制于零利率下限，名义利率无法提高，从而实际利率下降。实际利率的下降导致家庭投资回报的减少，因此鼓励了家庭在短期之内扩大消费，产生了较大的财政乘数。Dupor和Li（2015）将这一传导机制称之为财政支出的通胀预期渠道。

接下来，研究者们对零利率下限的持续时间如何影响财政乘数做了进一步研究。Carlstrom 和 Fuerst（2014）发现，当零利率下限持续时间存在不确定性时，财政政策的效果更加明显。Erceg 和 Lindé（2014）则将分析拓展到内生的零利率下限的情况。他们的分析表明，由于扩张性财政政策存在将经济带出流动性陷阱的可能，规模较大的财政刺激政策反而会具有较小的财政乘数。Bouakez 等（2017）发现，当政府在零利率下限时期扩大投资，而生产性公共资本由于建设周期的原因在零利率下限时期结束之后建成时，产生的财政乘数最大。原因在于，生产性公共资本的增加提高了未来的生产率，从而提高了居民的财富预期，这一正的财富效应进一步扩大了短期内由于实际利率下降带来的消费需求的增加。

另一方面，学术界对零利率下限时期财政政策的有效性也提出了质疑。Dupor 和 Li（2015）对财政政策的通胀预期渠道进行了实证检验。结果表明，无论是美国执行消极货币政策时期，还是 2008 年以来的零利率下限时期，扩张性财政政策的实施都没有显著地提高通胀预期，从而无法通过新凯恩斯主义声称的通胀预期渠道产生较大的财政乘数。Corsetti 等（2010）、Li 和 Tian（2018）发现，为了降低政府债务水平，在零利率下限或消极货币政策时期，政府在短期的财政刺激之后，倾向于削减财政支出。当考虑到这一情形时，货币政策的零利率下限不再成为财政乘数大于 1 的充分条件。原因在于，未来财政支出的减少将会拉底通胀预期水平，而较低的通胀预期使得实际利率下降较小，从而无法有效刺激家庭部门在短期内提高消费。

**5. 财政支出反转**

Corsetti 等（2012）实证分析了财政支出在短期刺激之后的动态路径，结果发现，财政支出在刺激政策结束后，往往会降低到长期趋势水平之下，即出现财政支出反转的情况。具体来说，Corsetti 等（2012）的研究发现，短期财政刺激往往依靠扩大财政赤字实现，而政府支出在中长期会依据某种政策规则（见下式）对政府债务做出反馈，当政府债务（$D_t$）提高时，政府倾向于减少财政支出（$G_t$）来缩小财政赤字。

$$G_t = (1-\rho)G + \rho G_{t-1} - \psi_G D_t + \varepsilon_t$$

Corsetti 等（2012）指出，当居民预期到这一未来的财政反转时，短期财政刺激的财政乘数会较大。这一机制的作用渠道与零利率下限的作用渠道有着类似之处，都是通过财政政策对实际利率的影响来刺激居民消费。具体内在机制如下：可预期的未来的财政反转降低了未来的商品需求，从而使得未来的通胀水平下降。依照泰勒规则，未来的名义利率会下降以应对价格水平的降低，从而使得实际利率下降。未来实际利率的降低会反映到当前的长期实际利率中，使其下降。进而会促使居民增加消费，产生对居民消费的挤入作用，得到较大的财政乘数。

财政反转的主要原因是应对政府债务的急剧扩张，Leeper、Plante 和 Traum（2010）、Kliem 和 Kriwoluzky（2014）以及 Leeper、Traum 和 Walker（2017）等人利用贝叶斯方法和美国数据对动态随机一般均衡模型进行了估计，结果都表明政府债务是影响财政支出的重要指标，从而进一步证明了短期财政刺激之后的财政反转的可能性。

### （二）融资方式、支出类型与财政刺激效果

在许多宏观经济模型的分析中，为了分析的简化，通常假设政府通过征收当期或未来的人头税（Lump–Sum Tax）进行融资。然而，现实经济中，财政政策的融资方式呈现多元化，包括基于资本或劳动所得的扭曲性税收以及对未来财政支出的缩减等。研究表明，一方面，不同的财政融资方式对扩张性财政政策效果有着显著的影响（如 Leeper、Plante 和 Traum，2010；Drautzburg 和 Uhlig，2015；Li，2017）。另一方面，传统的分析中并没有区分政府的支出类型。然而，不同类型的政府支出（如政府投资、政府消费、公务人员的工资等）对经济的影响渠道和效果也不尽相同。基于上述原因，学术界开始对财政融资方式以及不同的财政支出类型对扩张性财政政策效果的影响进行细致的研究。下面我们对上述两个方向的最新研究进展进行梳理。

**1. 融资方式与政策扩张效果**

Uhlig（2010）强调，政府支出的扩张最终会通过扭曲税的提高来弥补财政赤字，从而在负的财富效应之外产生了对劳动或资本投入的负向激励，使得财政刺激在中长期产生了持久的抑制产出的负面效果。Drautzburg 和 Uhlig（2015）在引入对劳动所得的扭曲税税率的政策规则后，通过对动态随机一般均衡模型的参数估计，定量分析了在扭曲税环境下的政府支出的财政乘数。在他们的模型中，政府支出的扩大最初通过增加赤字（$d_t$）来实现，随着财政赤字的扩大，劳动收入税（$\tau_t^l$）根据下式表达的政策规则逐渐提高，产生了对劳动供给的负向激励。

$$(\tau_t^l - \bar{\tau}^l) \text{ lab. income}_t = \psi_\tau (d_t - \bar{d}_t) + \varepsilon_{\tau,l}$$

其中，$\bar{\tau}^l$ 和 $\bar{d}_t$ 分别为劳动所得税率和财政赤字的稳态值，$\psi_\tau$ 表示税率对赤字的反应函数，$\varepsilon_{\tau,l}$ 则为外生税率冲击。

他们的研究发现，短期财政刺激的乘数为0.51，而长期的财政乘数为 -0.42，进一步证实了扭曲税带来的负向激励对经济产生了长期的负面影响。在随后的福利分析中，Drautzburg 和 Uhlig（2015）引入了具有不同时间偏好的异质性家庭。更关心短期效用的家庭由于财政扩张在短期内正向刺激了财政支出，福利获得了提高；相反，更关心长久效用的家庭由于财政乘数在长期为负，产生了福利损失。

值得一提的是，在引入扭曲税，尤其是消费税后，Correia 等（2010）发现，通过调节消费税和收入税就可以有效刺激陷入深度衰退的经济，而不需要传统的大规模财政刺激政策。其经济学机理是：当经济陷入深度衰退，从而使得名义利率下降至零时，实际利率由于通胀下滑呈现出上升的现象。实际利率的上升会进一步抑制需求，加剧经济衰退。因此，为了刺激需求、恢复经济，应该通过财政政策提高通胀水平，降低实际利率。不同于传统的财政支出扩张，Correia 等（2010）主张逐渐提高消费税率同时逐步降低劳动所得税，并且提供临时的投资补贴或临时降低资本所得税。这样的政策组合之所以有效，是因为能够提高消费者价格指数，并且保持生产者价格指数不变，从而降低了实际利率。

另一方面，Leeper、Plante 和 Traum（2010）在 DSGE 模型中引入了关于财政支出、转移支付、资本和劳动所得税的财政政策规则，并且利用贝叶斯方法进行了估计。他们的研究发现，政府在通过发行债务进行扩张性财政政策后，使用众多的财政政策工具稳定债务水平。也就是说，政府对扩张性财政政策采用了多种渠道的融资方式，既包括所得税的变化，也包括财政支出和转移支付的调整。他们还发现，财政乘数对融资方式有着极强的敏感性。Bi 等（2016）在研究政府债务水平的高低如何影响财政扩张的经济刺激效果时也发现，财政融资方式改变了财政扩张带来的财富效应大小。具体来说，政府可以通过如下两种方式对财政扩张阶段产生的债务进行融资：增加税收或降低开支。这两种不同的融资方式对居民产生了不同的财富效应，进而改变了短期的财政扩张的有效性。

**2. 财政支出类型与政策扩张效果**

无论是对于财政政策效果的理论分析还是实证分析，大多数文献并没有细致区分财政支出的不同类型。然而，不同的财政支出类型（如政府购买私人部门生产的商品或劳务、政府投资、政府工作人员的工资等）对经济产生影响的渠道和效果并不一致。因此，一些学者开始细致考察不同类型的财政支出在财政刺激时的效果。在文献中，一般将财政支出分为三类：政府消费、政府投资和政府工资支出。在这一节中，我们梳理并讨论不同类型政府支出的特点和政策效果。

Finn（1998）和 Cavallo（2005）在新古典增长模型中将政府对商品和服务的购买与政府支付工作人员的工资进行了区分。他们的研究发现，政府购买商品和服务的支出变动与政府工资支出的变动对私人部门的产出、就业和投资有着不同，甚至相反的效果。其原因是，虽然二者的增加都会产生负的财富效应，但是政府工资支出的增加可以看作是政府对家庭的转移支付，从而削弱了财富效应对家庭消费和劳动供给的影响。

另一个重要的政府支出类型是政府投资，由于政府投资既可以在短期内扩大需求，又可以在长期提高企业生产率，因此基础建设投资等经常被各国政府当作应对经济衰退时的重要工具。例如，Bachmann 和 Sims

（2012）发现，在给定政府支出扩大的前提下，政府投资与政府消费的比例在经济衰退时有显著的提高。Leduc 和 Wilson（2013）的实证研究也表明基础建设投资在短期内有着显著大于 1 的财政乘数，而且其经济刺激效果在经济衰退时期更为突出。然而，Leeper、Walker 和 Yang（2010）的研究表明，政府投资支出的滞后性阻碍了它的经济扩张效果，并且投资的滞后期越长，财政刺激的有效性越低。

当考虑到零利率下限时，Bouakez 等（2017）的研究表明，生产性公共资本由于其建设周期较长，产生了类似于未来技术进步冲击的效果。一方面，生产性公共资本的增加提高了未来的生产率，从而提高了居民的财富预期；另一方面，生产型公共资本降低了厂商的实际成本，从而对通胀产生了向下的压力。这两种效应对经济产生了相反的作用力。因此，政府投资的经济刺激效果取决于这两种效应的相对大小。在建设周期足够长，从而使生产型公共资本在形成时，经济已经脱离了零利率下限的情况下，中央银行可以通过货币政策对通胀的下行压力进行调控。因此，这种情况下的政府投资对经济刺激的效果最明显。

由于中国财政支出的较大一部分用于生产建设，我国学者对生产性财政支出冲击的研究较为广泛和深入。王文甫和朱保华（2010）以及贾俊雪和郭庆旺（2012）在 DSGE 模型中将政府消费性和生产性支出进行了区分，研究了我国财政政策对居民消费的影响。他们的研究也发现，当政府生产性支出对产出的推动作用足够强，政府生产性支出的扩张可以通过增加居民未来收入的预期来带动消费。胡永刚和郭新强（2012）构建了包含存量和流量两部分政府生产性支出的内生增长模型，发现政府生产性支出的增加能通过增加居民收入的渠道抵消税负增加带来的负的财富效应。在此基础上，他们研究了政府支出的最优规模。饶晓辉和刘方（2014）通过贝叶斯估计得到中国公共资本的产出份额大约为 10%，并且具有生产的外部性。模型估计的结果表明，我国政府生产性支出冲击对私人部门的消费和投资产生了短期的挤出效应和长期的挤入效应。郭长林（2016a）也发现，与消费性支出不同的是，政府的生产性支出能够从总供给侧对通货膨胀及其预期产生抑制作用。郭长林（2016b）分析了政府投资对上下游企业的产能利用率的影响，发现政府投资偏重于促进上游产业的产能扩张，却抑制了下游产业的产能利用率。随着财政政策的淡出，下游产业的需求不足导致了上游产业的产能过剩问题。郭长林（2016c）从金融摩擦的角度出发，发现政府投资加剧了金融市场的扭曲，使得居民消费受到了金融约束加剧的影响，产生了额外的挤出效应。

至此，我们总结了财政支出效果的理论研究进展。可以看出，理论研究的进步在于将财政政策纳入更加具体的情境之中，而不是笼统地论断财政政策是否能有效刺激经济。在目前的文献中，对于我国财政政策和经济制度的特点等因素考虑得还不够完善。一方面，我国有着利用财政政策调控经济的传统；另一方面，我国在政策执行方式上与西方国家有着很大不同，因此，中国财政经济特征要素的加入，将成为今后研究财政政策效果的一个重要前进方向。在接下来的两节中，我们将分别从宏观数据层面和地区数据层面梳理和讨论关于财政政策的实证分析。

## 三、基于宏观数据的实证分析

在实证研究中，对于政府支出扩大如何影响私人部门的经济活动，尤其是家庭消费和实际工资率，文献中尚未形成共识。原因在于，政府支出与GDP等变量有着很强的内生性，为了识别出外生的政府支出变动，需要施加识别假设。采取的识别假设不同，得到的结果也会不同。为了解决内生性问题，文献中采用了结构性向量自回归和工具变量回归两种方法，其中又以结构性向量自回归的方法为主流。接下来，我们围绕这两类方法对相关文献进行梳理。

### （一）结构性向量自回归

结构性向量自回归是利用宏观数据分析财政政策效果、估计财政支出乘数等问题的最常见的工具。典型的向量自回归模型一般具有如下形式：

$$Y_t = B_1 Y_{t-1} + \cdots + B_p Y_{t-p} + u_t$$

其中，$Y_t$ 为包含 N 个变量的向量，$u_t$ 为统计意义上的残差，其协方差矩阵为 $Eu_t u'_t = V$。由于统计残差不具有经济学含义，因此需要通过施加识别假设将经济冲击（$e_t$）从统计残差中识别出来。从数学角度来说，就是找到一个矩阵 C，使得统计残差和经济冲击具有如下关系：

$$u_t = Ce_t$$

由于经济意义上的基础冲击具有相互独立的性质且冲击大小通常被标准化为 1，即 $Ee_t e'_t = I$，我们有 $CC' = V$。考虑到协方差矩阵 $V$ 是一个对称矩阵，由 $CC' = V$ 的关系中，我们能够找出 $N(N+1)/2$ 个关系式。因此，为了得出矩阵 C 中的 N 个未知变量，我们需要施加额外的识别假设。下面我们按照识别假设方法的不同对文献进行梳理和评述。

**1. 标准结构性向量自回归**

在财政政策领域，标准结构性向量自回归方法是指以 Blanchard 和 Perotti（2002）为代表的方法。其核心假设为：在一定时期以内（通常指一个季度或更短的时间内），财政支出由于预算、审议制度等原因，无法对经济波动做出快速反应。可以认为，在短期内经济波动对财政支出的影响为 0，因此可以施加一个财政支出与经济波动的短期识别假设。按照这一假设，在向量自回归模型中，通常将政府支出变量置于第一个变量位置，然后采用 Cholesky 分解方法得出识别矩阵 C。

依照这一方法，Blanchard 和 Perotti（2002）、Perotti（2005）、Bouakez 和 Rebei（2007）、Galí 等（2007）以及 Caldara 和 Kamps（2008）等人的研究发现，财政支出扩大能够提高实际工资率，并且挤入家庭消费，因此能够有效刺激需求。Beetsma 等（2008）利用这一方法分析了欧盟国家的财政政策效果，得出欧盟国家的财政乘数最大可达 1.6。Ilzetzki 等（2013）将这一方法应用到面板数据之中，对 44 个国家进行了分析。他们的研究发现了如下结果：发达国家的财政政策效果好于发展中国家；采用固定汇率制度的国家的财政政策效果好于采取浮动汇率制度的国家；开放经济的财政乘数小于封闭经济；在政府债务较高的国家，财政乘数为负。类似地，

Nickel 和 Tudyka（2014）基于 17 个欧洲国家的研究也发现，财政乘数会随着一国债务规模的升高而降低。刘贵生和高士成（2013）利用这一方法对中国的财政支出的宏观调控效果进行了实证分析。他们发现：货币政策变量和价格因素对财政政策效果具有重要影响；财政政策对经济增长和通胀都具有一定的调控作用；根据我国 1996—2012 年的数据观察，财政支出对私人部门支出有挤出效应。

近年来，较长一段时间内发生的区制转换成为研究者关注的一个重点。在考虑了经济在繁荣和衰退之间的区制转换的情况后，Auerbach 和 Gorodnichenko（2012）、储德银和崔莉莉（2014）发现，财政乘数在经济衰退时期较大，在经济繁荣时期较小。李永友（2012）、Bachmann 和 Sims（2012）又进一步指出，财政乘数在经济衰退时期较大的原因在于，财政刺激政策能够在经济衰退时期提振居民对经济的信心，从而加强了政策效果。

另外，学术界对标准结构性向量自回归的识别假设也存在着质疑，批评的焦点在政策的可预期性上。具体来讲，Ramey（2011）指出，采用 Blanchard 和 Perotti（2002）的方法识别出的财政支出的变动，已经在实际发生之前被私人部门所预期到了。当考虑到政策预期时，私人部门在财政支出发生实际变动之前已经做出了反应。吴化斌等（2011）、李永友和钟晓敏（2012）以及胡永刚和郭长林（2013）的研究也都表明预期在财政政策传导中起到了重要作用。因此，采用 Blanchard 和 Perotti（2002）方法得到的私人部门的脉冲响应函数是对财政政策效果的错误解读。

### 2. 叙事性方法（The Narrative Approach）

为了避免上文提到的政策预期问题，Ramey（2011）主张采用叙事性方法对财政政策效果加以分析。具体来说，叙事性方法是通过找到与经济波动不相关，但能够影响财政支出的事件，对外生的财政支出变动加以识别。典型的叙事性事件为战争或地缘政治因素引起的军备竞赛。

Ramey 和 Shapiro（1998）选取了朝鲜战争、越南战争、里根时期的美苏军备竞赛作为外生军事支出增加的事件。他们的研究发现，这 3 个由于地缘政治因素爆发的战争或军备竞赛引发了美国政府军事支出的大幅增长，进而带动了整体财政支出的增加。使用这一方法的分析表明，财政支出的扩大，降低了实际工资，同时挤出了家庭消费。这一结果与 Blanchard 和 Perotti（2002）等人的结论相反。Ramey（2011）给出的解释是，叙事性方法能够在实际支出发生变动之前，捕捉到财政支付即将发生的变化，因此解决了标准结构性向量自回归方法中的政策预期问题。Edelberg 等（1999）、Burnside 等（2005）、Cavallo（2005）和 Ramey（2011）随后继承和拓展了基于军事事件的叙事性分析，得到了与 Ramey 和 Shapiro（1998）类似的结论。其中，Ramey（2011）从当地主流新闻期刊的报道中整理了美国自第一次世界大战以来的防务新闻（Defense News），从而极大地拓展了叙事性方法所涵盖的事件范围。

在区制转换问题方面，Ramey 和 Zubairy（2018）、Crafts 和 Mills（2013）利用叙事性方法的分析表明，财政乘数在经济衰退和经济繁荣时期并没有显著的不同。这与 Auerbach 和 Gorodnichenko（2012）的结论相反。Ramey 和 Zubairy（2018）指出，之所以得到不同的结果，是因为两篇文章计算经济变量对财政支出的脉冲响应函数的方法有所不同。Auerbach 和 Gorodnichenko（2012）的方法虽然被广泛使用，却并不适合具有区制转换的非线性模型。

另外，叙事性方法在学术界也存在质疑之声。主要的问题有如下3个方面：第一，战争等事件发生较少，因此所能够识别出的财政变动也有限，忽略了许多不由战争因素所导致的财政支出波动。第二，政府的战争支出与其他财政支出对经济的影响可能不同。第三，基于战争的叙事性方法只识别出了财政支出扩大的情况，而缺少了使得财政支出减小的事件。而财政支出的增加或减小对经济的影响可能是非对称的。由于这些问题的存在，学者们又开发出若干种其他识别方法，以期对财政政策效果得出更全面深入的分析。在下一小节中，我们将梳理和评述文献中出现的识别财政支出外生变动的其他方法。

**3. 其他识别方法**

为了解决标准向量自回归和叙事性方法的局限性，文献中还出现了一批各具特色的识别方法。比较有代表性的是 Mountford 和 Uhlig（2009）采用的符号识别法。符号识别法的核心思想是对变量的脉冲响应函数本身进行约束。在排除了经济周期冲击和货币政策冲击之后，只限定产出对财政支出波动的脉冲响应为正，而对诸如家庭消费、实际工资等变量的反应不做任何先验假设。然后采取 Bootstrap 或蒙特卡洛方法对数据进行抽样模拟，将符合符号约束的脉冲响应函数保留，再加以平均，得到变量对财政政策冲击的平均脉冲响应函数和置信区间。Mountford 和 Uhlig（2009）采用符号识别方法发现，财政政策冲击能够提高实际工资并且挤入家庭消费，从而与标准结构性向量自回归方法的结果一致。刘金全等（2014）、王文甫等（2015）利用符号识别法对我国的财政政策冲击加以分析，发现财政支出冲击对经济在短期和长期的影响显著不同。

为了解决叙事性方法观测值较少的问题，Fisher 和 Peters（2010）、Dupor 和 Li（2015）利用主要军工企业的股票超额回报数据对政府军事支出的变动进行识别。一方面，由于股票市场数据是高频数据，因此这一方法的优势在于有着众多的观测值，而不是仅仅局限于有限的几次战争。另一方面，由于股票市场对信息的敏感性，从中可以更准确地捕捉到市场对政府支出变动的预期。Rossi 和 Zubairy（2011）、Li（2017）在 Blanchard 和 Perotti（2002）的标准结构性向量自回归模型中，加入了 Ramey（2011）中构建的防务新闻作为控制变量，从而纠正了标准结构性向量自回归方法中政策的可预期性这一问题。

**（二）工具变量法在财政政策领域的应用**

应用工具变量法解决政府支出的内生性问题，研究财政政策效用的文献有很多。在本节中，我们只讨论使用一国或多国宏观数据结合工具变量法对财政政策的实证分析。

实施财政政策的主要目的是保持经济稳定，平滑经济波动。那么政府究竟在多大程度上抑制了经济波动呢？对于这一问题，Gali（1994）首先进行了探索。利用22个经合组织国家的截面数据，Gali（1994）发现，政府规模越大，尤其是政府支出占GDP比重越高的国家，其经济波动越小。对此，Gali（1994）的解释是，政府规模可以作为政府的自动稳定器的度量，随着规模的增加，政府能够用于稳定经济的资源也就越多。然而，Rodrik（1998）的研究表明，政府规模和经济波动有着很强的内生关联。例如，如果给定政府规模增大能够有效地抑制经济波动，那么经济开放程度越大的国家由于受到外生冲击的可能性变大，因此就倾向于形成一个规模较大的政府，以此来抵御外部冲击带来的波动。

为了解决这一内生性问题，Fatás和Mihov（2001）利用与主要贸易伙伴的距离、国土面积、人均产出、人口抚养比、城市化率、总产出和政治制度的虚拟变量作为政府规模的工具变量，对政府规模和经济波动的关系进行分析。结果表明，在控制了内生性问题之后，政府规模与经济波动仍然呈现负相关关系，说明规模较大的政府的确有更强的能力通过财政政策来稳定经济。当考虑财政政策的相机决策的特性时，Fatás和Mihov（2003）的研究发现，当赋予政府在执行财政政策时更大的相机决策权的时候，反而不利于经济稳定。由于过度的相机决策政策所导致的经济波动每增加1%，经济增长就下降0.8%。因此，应当限制政府在执行财政政策时的相机决策权。周波（2014）利用我国省域面板数据也发现了我国省级政府的相机抉择财政政策具有破坏经济稳定性的作用。

接下来，我们回到对财政乘数的估计中来。利用宏观数据但不依赖于结构性向量自回归模型对财政乘数进行估计的文章不多，比较有代表性的是Barro和Redlik（2011）。其总结了美国自20世纪初以来的长期经济历史数据，利用美国军事支出与战争年份的虚拟变量组成的交互项作为军事支出的工具变量，测算出美国军事支出的财政乘数为0.6—0.7。进一步的研究还发现，当失业率上升到12%以上时，即经济陷入深度衰退时，军事支出的财政乘数可以上升到1.0左右。这一研究与Ramey和Shapiro（1998）的核心思想类似，都是通过外生的战争进行支出变动的识别。与以往分析不同的是，Barro 和 Redlik（2011）计算出了美国历年的平均边际税率，并且在回归中控制了税率这一财政变量，从而在估计财政乘数时，排除了税率变化带来的干扰。这一做法也成为文献中分析财政乘数的必要步骤之一（如 Ramey，2011）。Barro 和 Redlik（2011）的一个缺陷是，从他们的回归方程中，仅仅能够推算出财政乘数的平均值，而无法像结构性向量自回归那样区分短期和长期的财政乘数。

至此，我们回顾了利用宏观数据实证检验财政政策效果、计算财政乘数的最新研究进展。在下一节中，我们将总结和评述基于地区数据的实证研究。

## 四、基于地区数据的实证分析

长久以来，受到 Oates（1972）思想的影响，学术界认为通过财政政策来熨平经济周期是中央政府而不是地方政府的责任。因此，对财政政策，尤其是财政乘数的研究主要集中于一国或多国经济的宏观层面。然而，随着一国之内经济发展的不平衡和不一致的加剧，以及人们逐渐意识到地方信息在应对地区经济不景气时的重要性，越来越多的研究者认为地方政府的财政政策可能是解决地方经济波动更有效、更及时的工具。因此，近年来，学术界兴起了借助地方政府在执行财政政策上的差异，利用地区截面或面板数据测算地区财政乘数的热潮。对于财政支出外生变动的识别同样是这一类研究面对的首要问题，常见的识别方法可以归纳为 3 类。第一类，利用中央或联邦财政支出在各地区分配的差异进行识别。第二类，利用中央或联邦政府的转移支付的差异进行识别。第三类，利用其他制度性差异进行识别。

### （一）利用中央或联邦财政支出分配进行识别

当中央或联邦政府财政支出扩大或进行财政刺激时，所增加的支出在各地区之间的分配通常依据某种公式或制度，而不是依据经济状况。那么，各地区由此产生的中央财政资金分配的差异就可以被认为是外生的差异，可以利用这一差异测算地放财政乘数。

2009年2月，美国国会通过了复苏与再投资法案，即大萧条以来规模最大的财政刺激法案。这一法案允许联邦政府在短期之内增加7000多亿美元的财政支出或减税。法案中指出联邦财政刺激项目的资金将依照公式进行分配。更重要的是，分配公式中所包含的指标均不依赖于各地区当前的经济状况。例如，Wilson（2012）发现，联邦运输部的财政刺激资金是按照现存的联邦政府资助的高速公路里程数、每年在联邦资助的高速公路行驶的总英里数、各州对联邦高速信托基金的缴费额3个指标进行分配；联邦教育部门的财政刺激资金有相当一部分是按照各州学龄人口（5—24岁）占总人口的比重进行分配；联邦卫生医疗部门的资金是按照危机前的医疗支出等因素进行分配。根据这些分配公式，Wilson（2012）构建了一系列工具变量，对美国复苏与再投资法案中财政支出的政策效果进行了估计。结果表明，政府依靠扩大财政支出的方式刺激就业的方法有着巨大的成本。每创造一个新的就业岗位大约耗费了12.5万美元的财政资金。类似的，Conley和Dupor（2013）对7000亿美元财政刺激计划中用于高速公路修缮资金的就业效果进行了估计，发现每创造一个就业岗位的成本为20.2万美元。相反，Chodorow-Reich等（2012）对医疗保险报销支出的政策效果的估计表明，每新增一个就业岗位的财政成本为2.6万美元。上述不同的结果表明，不同的财政支出类型有着迥异的经济刺激效果，进一步印证了前文中指出的在理论研究中区分财政支出类型的重要性。当政府扩大军事采购时，由于主要军工企业在各地区的分布不同，中央或联邦军事采购支出的扩大对各地区的影响也不一致。Nakamura和Steinsson（2014）按照这一思路，利用美国历史上的军事采购数据对地区财政乘数进行了估计。他们的研究发现，在不考虑可能的溢出效应的情况下，地区财政支出乘数可以高达1.5。

对地区财政乘数的估计一个显著的问题是，如果不考虑财政政策的溢出效果，那么估计出的财政乘数不能作为整体财政乘数的参考。原因在于，如果地区财政政策对周边地区有着正向溢出效果，那么得到的地区财政乘数将小于从宏观层面观察到的财政乘数；相反，如果地区财政政策存在对周边地区的负向溢出，那么地区财政乘数将大于整体财政乘数。为了解决可能的政策溢出的干扰，Dupor 和 Guerrero（2017）利用美国各州的军事采购合同数据，控制了对主要贸易伙伴州的溢出效果，发现在不考虑朝鲜战争的情况下，地区财政乘数为 0—0.5，当将朝鲜战争相关数据纳入样本中时，地区财政乘数显著大于 1。

进一步，Dupor 和 McCrory（2017）对地区财政政策在劳动力市场的溢出效果进行了专门估计。研究发现，每 1 美元的财政支出在提高本地区 0.6 美元的工资收入的同时，也提高了周边地区 0.5 美元的工资收入。类似地，用就业水平替换工资收入的结果也表明，本地的财政政策提高了周边地区的就业水平，从而产生了正向溢出。此外，他们的研究还发现，这一正向的溢出效应主要作用于服务业而不是制造业。总体而言，对地方财政政策的溢出效应的研究成果较少，对这一问题的研究还有待进一步深入，这也成为财政政策领域的一个值得挖掘的研究方向。

（二）利用中央对地方政府的转移支付进行识别

政府间转移支付也是地方政府收入来源的重要组成部分，当地方政府获得更多的转移支付时，其财政支出也相应增加。因此，如果某些与当地经济状况不相关的外生原因可以增加或减少地区转移支付，那么我们就可以利用这些因素识别地方政府支出的外生变动。Cohen 等（2011）发现，在美国议会中，如果某位议员担任了某些重要委员会的主席，那么这位议员所代表的州政府就会获得更多的联邦专项转移支付。而该议员是否能够成为这些重要委员会的主席往往取决于议员的个人政治能力，与其家乡的经济状况没有直接关联。利用这一发现，Cohen 等（2011）考察了由于联邦政府转移支付带来的地方政府支出的变动对私人部门的经济活动带来的影响。研究发现，地方政府获得的转移支付增加反而会削弱私人部门的投资和就业水平，即财政支出的扩大对私人部门的经济活动产生了挤出效应。值得一提的是，由于地方政府财政支出的扩大来源于联邦政府的转移支付，而不是当地的税收，这一挤出效应产生的原因不同于一般的由税赋增加带来的负向财富效应。作者指出，对这一挤出效应的来源的研究是学术界值得挖掘的问题之一。

Serrato 和 Wingender（2016）指出美国联邦政府的众多转移支付项目的分配依据是各州的人口数量。在每10年一次的人口普查后，各州的人口数量会有较大的修正，因此，来自联邦政府的转移支付也会相应地调整。Serrato 和 Wingender（2016）利用这一调整对地方财政乘数进行了估计。他们发现，美国地方财政乘数为1.7—2.0，并且溢出效应不显著。当考虑了财政乘数的异质性时，他们发现在低增长地区，财政支出对经济的拉动效果更大。

Guo 等（2016）利用我国中央政府对贫困县的转移支付倾斜制度，考察了中央转移支付的财政乘数。结果表明，我国的转移支付的地方财政乘数在0.6左右，并且乘数的效果多来自刺激当地的投资而不是消费。这一研究是利用我国转移支付制度考察地方财政乘数的重要探索。然而，美中不足的是，对贫困县的转移支付反映了制度性倾斜带来的长期的财政支出差异，而不是短期的财政支出的变化。另外，文章也没有考虑到贫困县和其他地区可能存在的财政乘数的异质性等问题。进一步，马光荣等（2016）的研究发现专项转移支付对经济增长的拉动效果要高于一般转移支付。其原因在于，由于具有更高的财力均等化程度，一般性转移支付可能会削弱地方政府发展经济的动力，使转移支付资金对经济增长的效果弱化。李明和李德刚（2018）利用我国民族地区转移支付的制度，采用模糊断点回归思路构造工具变量，发现我国县级地方政府财政支出乘数大于1，并且衰退期的乘数高于繁荣期。

（三）其他识别方法

文献中还出现了一批利用政治制度、法律法规等因素来识别地方政府支出变动的差异，用以估计地方财政乘数的方法。例如，Clemens 和 Miran

(2012) 发现，美国各州的预算平衡的标准不一致，这就导致在经济周期中，州政府由于财政收入波动导致的支出波动的剧烈程度不同。特别是经济下行时，由于财政收入的减少，预算平衡法案要求较严格的州政府将被迫削减更多的支出。Clemens 和 Miran（2012）利用这一财政支出的被迫缩减程度的差异，估计出美国州政府的财政乘数在 0.4 左右，表明财政支出对私人的消费和投资具有较大的挤出作用。Clemens 和 Miran（2012）指出，利用上级政府转移支付或财政刺激资金估算地方财政乘数的一个缺点是，地方政府由于上级政府拨款而增加的支出并不对地方税收或政府债务产生影响，因此弱化了财政支出增加带来的负的财富效应，也就估计出了较高的财政乘数。相反，由于较弱的预算平衡标准所产生的额外支出则更多地由地方财政赤字来融资，因此产生了对当地居民的直接的负的财富效应，从而所估计的财政乘数偏小。

另一篇较为巧妙的实证文章来自 Shoag（2010）。他的研究发现，美国各州的社保基金投资回报与各州未来一段时期的财政支出呈现出很强的正相关关系。也就是说，当社保基金回报率高时，州级政府支出会在一段时期后显著提高，反之，当社保基金回报率低时，州级政府支出会相应缩减。由于美国各州的社保基金投资是相互独立运行的，因此有着不同的回报率。Shoag（2010）利用各州社保基金的超额回报率的数据作为工具变量，对州政府财政支出的外生变动加以识别。结果表明，财政乘数高达 2.12，这一乘数效应在劳动力市场不景气时更加明显，并且主要作用于非贸易品部门。

Fishback 和 Kachanovskaya（2010）专门研究了大萧条时期美国联邦政府支出在各州之间的分配问题。他们从研究大萧条的文献中发现，总统竞选时出现的摇摆州显著影响着联邦资金的分配。因此，Fishback 和 Kachanovskaya（2010）利用摇摆州和联邦政府在其他地区支出的交互项作为工具变量，识别政治因素导致的联邦资金分配的差异。他们发现，联邦政府每增加 1 美元的财政支出，能够增加该州居民 1.1 美元的收入，即财政乘数为 1.1。

至此，我们梳理了基于地区数据研究财政乘数的文献。可以发现，对于美国的研究较多，缺少不同国家、不同体制之间的比较和异质性分析。另外，对地方财政支出的溢出效应的研究成果较少。因此，对更多国家的地区财政乘数和溢出效应的研究，尤其是通过不同政治经济体制之间的比较和异质性分析，找到影响地方财政乘数的关键因素，成为该领域的一个需要填补的空白和研究方向。

## 五、总结与展望

本书对扩张性财政政策，特别是财政支出的经济刺激作用的研究成果进行了梳理，从庞大的文献中整理出 3 条研究主线。第一条主线以 DSGE 模型为核心，从理论上分析不同情境下，财政支出的扩张对产出、就业以及私人部门消费的影响。第二条和第三条主线分别利用宏观和地区层面的数据，实证检验财政支出的经济效果。在实证检验中，文献中采用了丰富而巧妙的识别方法，解决了财政支出与经济的内生性问题。然而，由于识别方法的不同，文献中对财政乘数的估计有着较大差异，尚未形成共识。

对政府扩大支出是否能够有效刺激经济是凯恩斯以来宏观经济学研究的核心问题之一。从本书对最近的文献梳理中可以发现，尽管距离凯恩斯的通论出版已经超过了 80 年，经济学界对凯恩斯政策的有效性仍然有着巨大的争议。理论研究争论的根源在于，财政支出对经济活动的影响渠道众多且复杂。除了传统的财富效应渠道，还有影响实际利率的跨期替代效应、影响劳动回报的税收扭曲渠道、金融约束渠道等。可以说，在不同情境之下，扩大财政支出的政策效果显著不同。因此，对财政政策是否能够有效刺激经济，尤其是私人部门的经济活动，我们不能一概而论，要结合经济现状、货币政策、政府债务水平等要素综合分析。进一步地，还应该结合我国经济特点，具体分析财政政策在我国的适用性和有效性。

实证分析的争论根源在于，财政支出与经济状况有着很强的内生性问题，对这一问题的处理方式不同也会导致估算出的财政乘数有所差异。虽然文献中已经存在多种多样的处理方式,但是尚没有一种得到全面认可的方法。这就成为实证研究继续前进的动力。另外,针对我国财政乘数,尤其是地方财政乘数和溢出效应的成果较少,需要学术界在这一问题上有更加深入地研究。

# 第二章　财政支出在经济繁荣和衰退时期的非线性效应

从研究趋势来看，对财政支出扩张效果的研究逐渐从线性效应向非线性效应转换。Auerbach 和 Gorodnichenko（2012）使用 SVAR 方法建立状态转换模型，首先考察总体财政乘数，结果显示财政乘数在经济处于扩张阶段显著小于衰退阶段。在此基础上，控制财政变量的实时预测，估计结果显示衰退期乘数数值增加。在该文章的基础上，Auerbach 和 Gorodnichenko（2013）将研究对象从美国一国扩展到 OECD 各国，也发现了与前文类似的非线性财政乘数。Fazzari、Morley 和 Panovska（2015）一文在衡量经济衰退还是繁荣的标准有所不同，其使用的数据可追溯至 1967 年。这篇文章支持 Auerbach 和 Gorodnichenko（2012）的结论，认为繁荣阶段和衰退阶段的财政乘数有显著差异。此外，大量使用美国州级数据的文章都得出衰退期财政乘数大于繁荣期的结论。与上述文章不同的是，Ramey 和 Zubairy（2018）利用较长时期的历史数据考察美国的财政支出是否会在经济处于衰退期产生较大的财政乘数。数据跨度包含几次战争以及衰退时期，采用 Jorda（2005）的局部投影法进行估计。结果显示，政府支出财政乘数数值大小并不会在高就业率时期显著变大。当且仅当使用 Blanchard 和 Perotti（2002）方法进行冲击的识别，在不同经济状态会得到不同财政乘数的结论。该结果显示不同经济时期财政乘数大小存在差异，是由于低就业率时期较低的财政乘数，而并非高就业率时期财政乘数较高所导致。

通过梳理文献我们发现，对财政政策的非线性效应的研究存在如下两个方面的局限性。第一，实证研究多聚焦于美国或其他发达国家的宏观层面的数据，缺少了使用更细致的数据进行的分析，也缺少了对发展中国家的探索。第二，现有的文献多数为实证分析，缺少了基于宏观经济学模型的理论机制探讨。仅有的两篇理论性的文章 Michaillat（2014）、Shen 和 Yang（2018）都局限于从劳动力市场摩擦的角度进行分析，且不能够完全解释已有实证研究的结果。

本章将对上述讨论的文献中的不足进行针对性的研究。本章研究具有理论和现实两方面的意义。理论意义方面，本章将进一步推进财政政策这一经济学主要议题的研究。通过科学地测算财政政策的非线性效果、构建宏观经济学模型探讨财政政策非线性效应的来源和传导机制，本章将进一步完善学术界对财政政策的宏观经济稳定效果的认识。现实意义方面，当前中国经济发展已经进入新时代，在构建国内外双循环新发展格局背景下，我国政府更加应该在合理评估财政政策的有效性的基础上，科学、谨慎地使用此种政策工具以保障宏观经济稳定。

基于上述分析，本章将从如下两方面对财政支出的非线性效应进行研究，以补充现有文献的不足：第一，使用包括发展中国家在内的跨国数据实证分析财政支出在经济繁荣和衰退时期的财政乘数。第二，理论研究方面，通过建立宏观经济学的动态随机一般均衡模型，探讨财政政策非线性效应的来源和传导机制。

## 一、经济繁荣和经济衰退时期的财政乘数的跨国实证分析[①]

在这一部分中，本书将研究视角放到包括发展中国家在内的更广泛的国家样本中。由于发展阶段的不同，发展中国家的财政政策效果与发达国家相比，有着显著差异。随之而来的问题是，财政政策的非线性效应是否

---

① 本部分魏宁有所贡献。

在发展中国家中呈现出与发达国家不同的结果。进一步，我们还将讨论浮动汇率和固定汇率制度、政府债务水平、经济开放程度等因素对非线性财政乘数的影响，以期找到更多的关于非线性财政乘数的典型事实。

我们将利用跨国数据和下述回归模型进行分析：

$$x_{i,t+h} = I_{t-1}[\alpha_{A,h} + \varphi_{A,h}(L) z_{i,t-1} + \beta_{A,h} shock_{i,t}] + (1 - I_{t-1})[\alpha_{B,h} + \varphi_{B,h}(L) z_{i,t-1} + \beta_{B,h} shock_{i,t}] + \alpha_i + \alpha_t + \varepsilon_{i,t}$$

其中，$x_{i,t+h}$ 是我们关心的国家 $i$ 在 $t+h$ 时期的变量取值（如产出、投资、劳动人数等）；$I_{t-1}$ 是刻画经济繁荣与否的指标变量，其在经济繁荣时期取 1，在衰退时期取 0；$z_{i,t-1}$ 是一系列发展中国家宏观层面的控制变量，$shock_{i,t}$ 是依据主流文献构造出的各自国家层面的政府支出冲击；此外，还加入了国家固定效应和时间固定效应。$\beta_{A,h}$ 和 $\beta_{B,h}$ 分别是经济繁荣和衰退时期的财政支出乘数，是我们关心的估计系数。本书通过估计发展中国家非线性财政支出乘数，探讨财政政策的非线性影响，为文献中产生的分歧提供来自包括发展中国家在内的更广泛的跨国数据样本的证据。

在区分经济繁荣和经济衰退时，变量 $I_t$ 占据核心地位。总结经济状态转制的相关实证研究，可将衡量经济繁荣和衰退所依据的指标归纳为三大类：产出缺口、失业率、产能使用率。

本章借鉴 Auerbach 和 Gorodnichenko（2012）提出的对经济繁荣与衰退的判定机制，这一方法在计算财政乘数的文献束中，有较高的引用频次。具体计算过程为：

$$Z_t = \frac{\ln(\text{rgdp})_{t+3} - \ln(\text{rgdp})_{t-4}}{7}$$

$$F(z_t) = \frac{\exp(-\gamma z_t)}{1 + \exp(-\gamma z_t)}, \gamma > 0$$

$$Var(z_t) = 1, E(z_t) = 0$$

其中，变量 $Z_t$ 表示某一国家实际 GDP 增长率 7 个季度的移动平均值，对 $Z_t$ 进行标准化后可得到 $z_t$。变量 $z_t$ 是表示经济繁荣或衰退的指标，当 $z_t > 0$ 时意味着经济处于繁荣期，当 $z_t < 0$ 时表示经济处于衰退期。

采用变量 $Z_t$ 作为经济周期情况的判断指标具有两方面的优势：第一，能够合理充分地运用整个样本的数据，使结果尽可能稳健；第二，可以考察经济周期状况对冲击产生的动态反应。

参考 Auerbach 和 Gorodnichenko（2012），本章划分的经济状态判定门槛如下，当 $F(z_t) > 0.8$ 时，经济处于衰退期；反之，认为经济处于繁荣时期。根据数据特征，当取 $\gamma = 1.5$ 时，可保证样本中经济处于衰退期的时间大于 20%。

另外，需要注意的是，使用局部投影法会引发误差项的序列相关性问题，所以本章使用 Newey-West 纠正调整标准误。

我们使用 36 个国家的季度数据，其中包括 18 个发达国家和 18 个发展中国家。数据跨度从 1956 年第四季度至 2019 年第二季度。需要指出的是，使用季度数据虽然是满足 Blanchard 和 Perotti（2002）对财政支出识别假设的必要条件，但存在一些不可避免的缺陷。主要原因在于，有部分国家不能够提供一些关键变量的季度数据；或者一些国家所提供的数据虽然以季度频率显示，但实际以年度为频率进行数据收集，再进行插值处理后得到。这就导致在一定程度上会使得回归结果出现误差，但是限于没有更好的资料来源替代，对于这一缺点目前暂时没有很好的办法解决。本章遵循文献惯例，将实际政府消费视作政府支出。36 个国家的政府消费以及名义 GDP、实际 GDP 均来自 CEIC 数据库。我们利用名义 GDP 与实际 GDP 之比，可以计算出各个国家的 GDP 平减指数。接下来，我们将各个国家的 GDP 平减指数的基年统一调整为 2013 年的第四季度，重新计算实际政府消费和实际 GDP。

除了分析全部样本的财政乘数的非线性特征，我们还参照 Ilzetzki 等（2013）的方法，按照不同的经济特征将样本中的国家进行划分，以考察不同经济特征对财政乘数的影响。具体来说，我们将样本中的国家按照 4 个特征分别进行分组，分别是高收入国家与发展中国家组；经济开放国家与经济相对封闭国家组；采用固定汇率制度的国家与采用浮动汇率国家组；高负债国家与低负债国家组。

（一）财政乘数的测算

本章主要关注两个核心问题：第一，财政乘数大小是否会随一国所处经济周期情况而变化；第二，探究一国的经济特征对财政乘数非线性特点的影响。

我们首先考察全部 36 个国家样本的财政乘数。在区分了经济繁荣和经济衰退后，得到的财政乘数如图 2-1、表 2-1 所示。

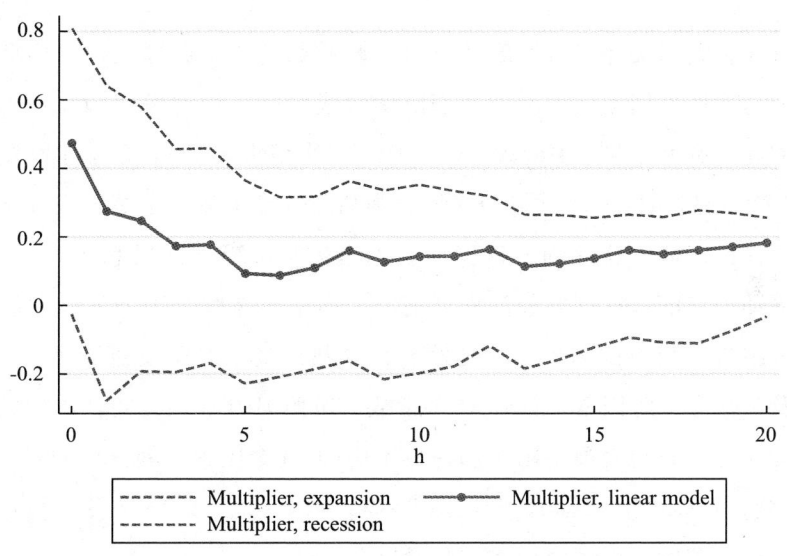

图 2-1　繁荣和衰退时期的财政乘数比较

表 2-1　　　　　　　　　　财政乘数测算

| h | 线性 | 繁荣期 | 衰退期 |
| --- | --- | --- | --- |
| 0 | 0.473175 | -0.02589 | 0.808995 |
| 1 | 0.274557 | -0.27914 | 0.64126 |
| 2 | 0.247195 | -0.19252 | 0.57779 |
| 5 | 0.092662 | -0.22905 | 0.364169 |

从图 2-1 中可以看出，在包括发达国家和发展中国家的样本中，财政乘数呈现出了随经济周期而变化的特征。即财政支出扩张在经济衰退时期产生了大于经济繁荣时期的财政乘数。这一结果与 Auerbach 和 Gorodnichenko (2012) 的结果相一致。从表 2-1 中可以看出，利用全部样本中的国家的数据，我们发现财政乘数在财政扩张当期和长期的累积乘数均小

于 1，但是在衰退期的财政乘数较大，在经济繁荣期的财政乘数为负。

接下来，我们按照不同的经济特征对国家进行分组，考察哪些因素可以对财政乘数的非线性特点造成影响。

### （二）经济发展情况：发达国家 vs 发展中国家

首先，我们关注经济发展情况对财政乘数的影响，即在样本中区分发达国家与发展中国家。文献中，不同学者或国际组织对发达国家和发展中国家的界定有所区别。Ilzetzki 等（2013）使用世界银行在《世界发展报告》1989 年启用的方法，将国家划分为高收入经济体、中等收入经济体以及低收入经济体。这一划分依据主要参考人均 GNI（国民总收入）。为了采取更加完善的指标判断经济发展情况，本书参考联合国开发计划署《人类发展报告》提供的 HDI（人类发展）指数，基于居民预期寿命、教育水平以及生活水平等因素，计算 HDI 指数，按照 HDI 阈值，将样本中的国家划分为发达国家与发展中国家。在样本中的 36 个国家，划分出的发达国家有 18 个，发展中国家有 18 个。图 2-2、图 2-3、表 2-2 分别展示了发达国家样本和发展中国家样本的财政乘数。

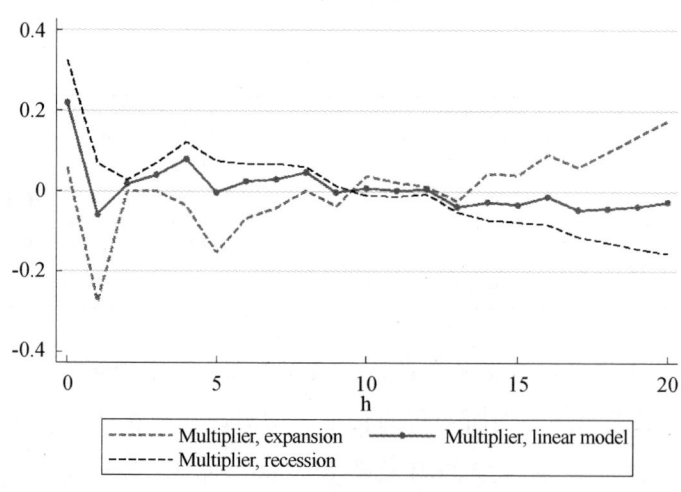

图 2-2　发达国家财政乘数

第二章 财政支出在经济繁荣和衰退时期的非线性效应 | 35

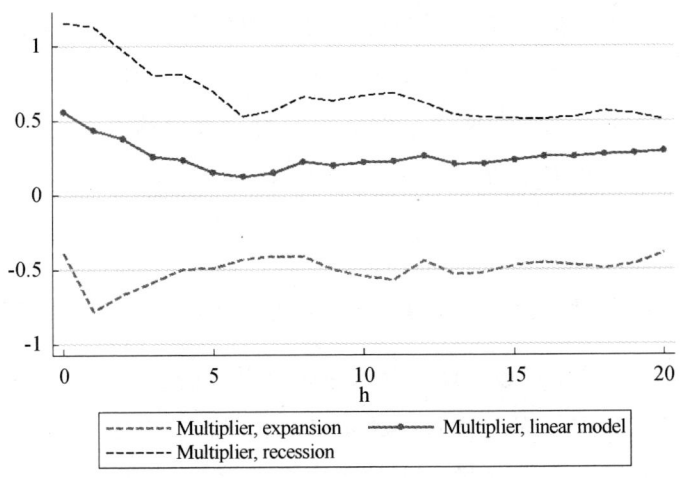

图 2-3 发展中国家财政乘数

表 2-2 财政乘数之比较

| h | 发达国家 | | | 发展中国家 | | |
|---|---|---|---|---|---|---|
| | 线性 | 繁荣期 | 衰退期 | 线性 | 繁荣期 | 衰退期 |
| 0 | 0.218937 | 0.05889 | 0.324901 | 0.559507 | -0.38698 | 1.156175 |
| 1 | -0.05935 | -0.27606 | 0.068656 | 0.436862 | -0.776 | 1.131369 |
| 2 | 0.017334 | -0.00021 | 0.027286 | 0.378774 | -0.66414 | 0.969595 |
| 5 | -0.00337 | -0.15372 | 0.074903 | 0.153768 | -0.48898 | 0.69589 |

在财政扩张当期，发达国家线性模型所得出的财政乘数约为 0.22，当经济处于繁荣期财政乘数为 0.06，衰退期财政乘数约为 0.324901。在冲击当期，发展中国家线性模型财政乘数是 0.56，经济处于繁荣时期的财政乘数是 -0.39，经济处于衰退时的财政乘数是 1.16。

从累积乘数来看，发达国家线性模型所得出的财政乘数在 0 附近，并且无论经济处于繁荣期还是衰退期，财政乘数均在 0 附近。发展中国家的线性模型结果显示，累积乘数逐渐下降，财政政策效果逐渐下降。但是，发展中国家的财政乘数在经济繁荣和经济衰退期具有显著差别，经济处于繁荣期时长期财政乘数为负值，经济处于衰退时期长期财政乘数为正，且显著大于 0。

本部分所得结论支持发展中国家财政乘数大于发达国家的判断，与 Ilzetzki 等（2013）的结论相一致。当经济运行于繁荣阶段，发展中国家的财政乘数显著小于衰退时期，但发达国家财政乘数的非线性特点不显著。这一结果表明，经济发展程度是影响财政乘数非线性特征的一个重要因素。

### （三）经济开放程度：经济开放国家 vs 经济封闭国家

本部分考察经济开放程度对财政乘数及其非线性特点产生的影响。参考 Ilzetzki 等（2013）的分类标准，本部分按照一国出口总额占 GDP 的比重是否高于 60% 为限，将样本中的国家分为经济开放国家与经济封闭国家。图 2-4、图 2-5、表 2-3 展示了不同经济开放程度国家的财政支出乘数。

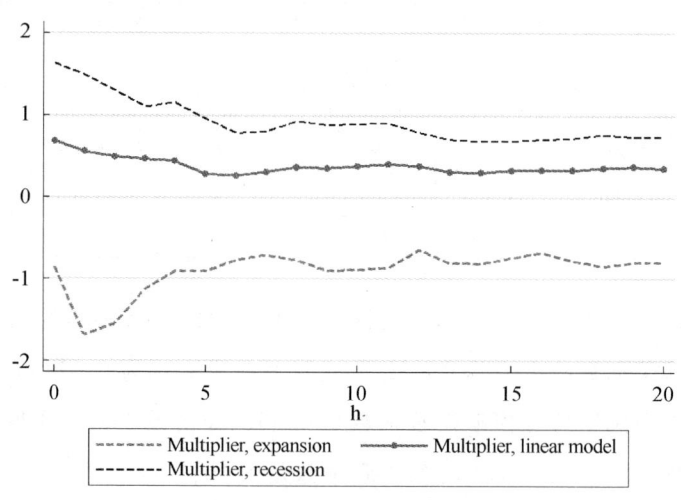

图 2-4 经济封闭国家财政乘数

从上述图表可以看出，经济开放程度影响了财政支出扩张的政策效果。相对于经济开放程度高的国家来说，经济相对封闭的国家财政乘数较大，且财政政策效果持续时间较长，这与 Ilzetzki 等（2013）的研究结论类似。从财政乘数的非线性特征来看，经济开放程度高的国家只在财政支出

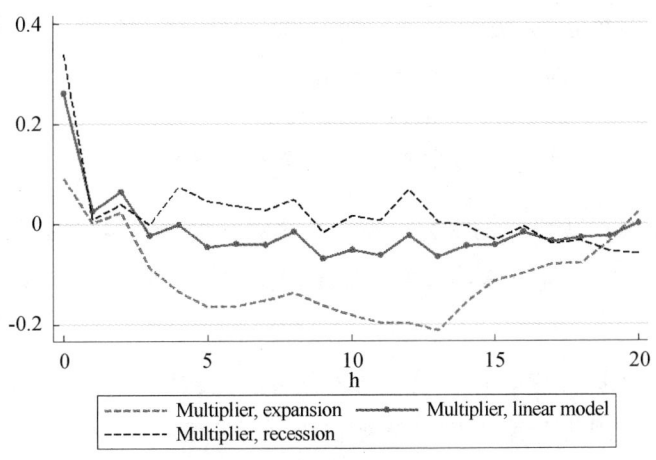

图 2-5 经济开放国家财政乘数

表 2-3　　　　　　　　　　财政乘数之比较

| | 经济开放国家 | | | 经济封闭国家 | | |
| --- | --- | --- | --- | --- | --- | --- |
| h | 线性 | 繁荣期 | 衰退期 | 线性 | 繁荣期 | 衰退期 |
| 0 | 0.261541 | 0.092157 | 0.339164 | 0.682422 | -0.85121 | 1.635153 |
| 1 | 0.026192 | 0.001893 | 0.009484 | 0.556612 | -1.68353 | 1.493515 |
| 2 | 0.06463 | 0.023268 | 0.039002 | 0.493195 | -1.5444 | 1.302118 |
| 5 | -0.04562 | -0.16406 | 0.045757 | 0.281076 | -0.91389 | 0.961976 |

冲击当期呈现出一定非线性的财政乘数，随着时间的推演，不同经济周期情况下的财政乘数没有显著差异。对于经济开放程度相对较低的国家来说，衰退期的财政乘数明显大于繁荣期，且呈现一正一负的特点。上述结果表明，经济开放程度是影响财政乘数大小和非线性特点的因素之一。

值得一提的是，Auerbach 和 Gorodnichenko（2013）构建状态转换模型，也进行了经济开放国家与经济封闭国家的分样本稳健性回归。他们的研究发现进出口总值与 GDP 之比这一经济开放程度的度量指标并不会影响财政乘数的大小。该文对这一结果的解释如下：首先，根据蒙代尔弗莱明模型，政府支出的效果也取决于该国行使的汇率制度，也可能需要更为细致地刻画国家间产品与资本的流动。其次，小型开放经济体实际上更容易出现规模较大的财政赤字，从而使得政府债务较高，而高负债率可能降低财政乘数。下一部分的研究将从汇率制度方面验证他们的观点,在本章的后续部分将对他们的第二个观点进行检验。

(四) 汇率制度:固定汇率 vs 浮动汇率

Ilzetzki 等 (2013) 的研究发现,汇率制度也是影响一国财政乘数大小的因素之一。基于此,本部分考察汇率制度对财政乘数的非线性特征会产生何种影响。

参考 Ilzetzki 等 (2013) 给出的划分标准,如果一个国家连续 8 个季度以上被分类至固定汇率类别,就被视为在该阶段实行固定汇率制度。相反,如果一个国家连续 8 个季度以上被分类至浮动汇率类别,就被视为在该阶段实行浮动汇率制度。图 2-6、图 2-7、表 2-4 展示了两种汇率制度之下的财政乘数。

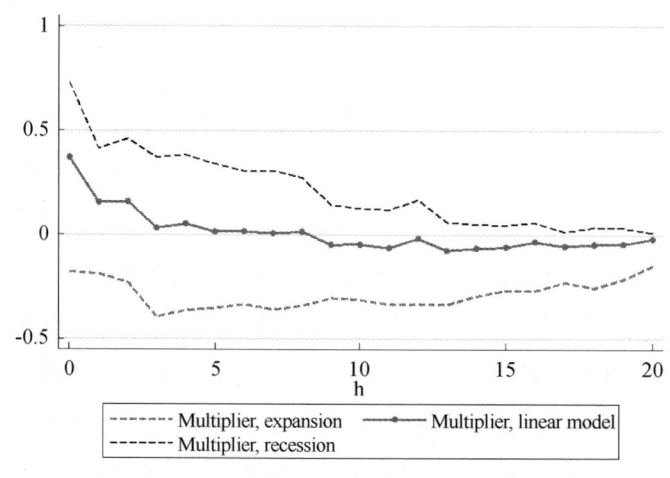

图 2-6 固定汇率制国家财政乘数

从上述图表中可以看出,采用固定汇率制度的国家的财政乘数大于采用浮动汇率制度的国家,这与 Ilzetzki 等 (2013) 的结论一致。无论采取哪种制度,长期的累积乘数均逐渐减小,表明财政政策效果随时间减弱。非线性方面,采用固定汇率制度的国家在经济衰退时期的财政乘数显著大于经济繁荣时期,两者呈现一正一负的现象。对于采取浮动汇率制度的国家

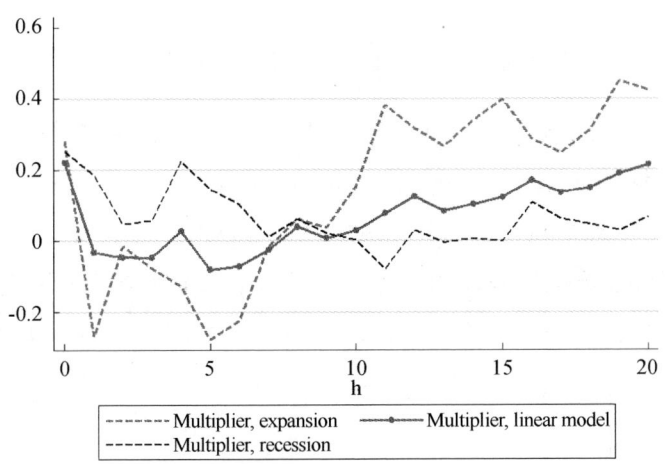

图 2-7 浮动汇率制国家财政乘数

表 2-4  财政乘数之比较

| h | 固定汇率制度 | | | 浮动汇率制度 | | |
|---|---|---|---|---|---|---|
| | 线性 | 繁荣期 | 衰退期 | 线性 | 繁荣期 | 衰退期 |
| 0 | 0.370993 | -0.17882 | 0.732556 | 0.221256 | 0.283172 | 0.25303 |
| 1 | 0.15557 | -0.18819 | 0.414284 | -0.03202 | -0.26971 | 0.186068 |
| 2 | 0.159191 | -0.22956 | 0.460102 | -0.04667 | -0.01482 | 0.047322 |
| 5 | 0.015448 | -0.35202 | 0.339918 | -0.08131 | -0.27852 | 0.14562 |

来说，经济繁荣和经济衰退时期的财政乘数虽然有一定差异，但差异并不显著。上述结果表明汇率制度也是影响财政乘数非线性特点的一个重要因素。

汇率制度对政府支出乘数影响的传导机制如下：在固定汇率制下，银行部门紧盯外币汇率，并遵循无抛补利率平价（UIP）规则，国内利率由外国利率锚定，因此扩张的财政政策不会导致国内利率升高。相反，在浮动汇率制度下，汇率能够自由波动，财政支出扩张能够产生提高国内利率的作用，因此，扩张性财政政策通过提高国内利率挤出国内产出。固定汇率制度下，财政支出扩张并不会影响利率，缺乏通过提升利率的渠道来影响产出。因此，相比固定汇率制度，采用浮动汇率制度的国家财政乘数较小。

## (五) 政府负债水平：高负债国家 vs 低负债国家

Auerbach 和 Gorodnichenko (2013) 以及一些相关文献指出高负债率可能降低财政乘数。为此，本部分就政府负债高低对财政乘数的影响进行检验。我们以一国中央政府负债占 GDP 比重是否高于 60% 为限，将样本中的国家分为高负债国家与低负债国家。中央政府负债水平的季度资料来源于 BVD – EIU Country Data。图 2 – 8、图 2 – 9、表 2 – 5 展示了高低负债国家的财政乘数。

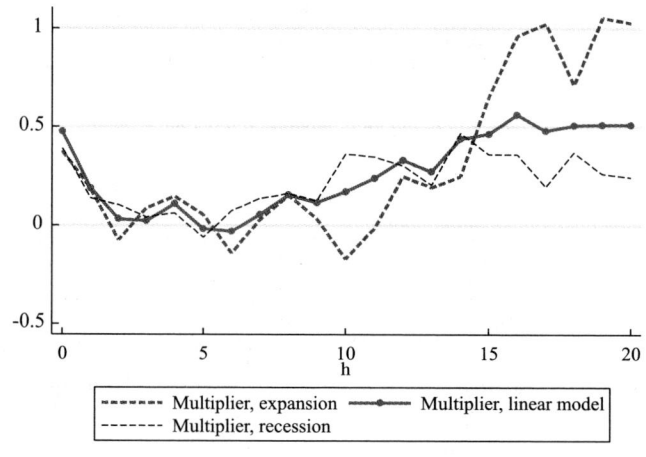

图 2 – 8　高负债国家财政乘数

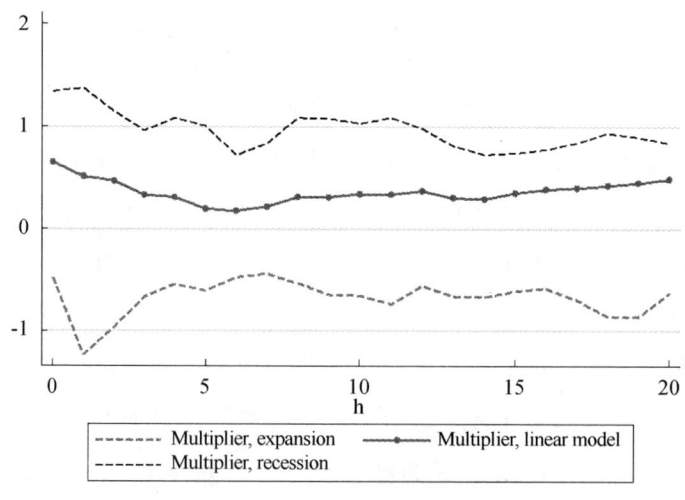

图 2 – 9　低负债国家财政乘数

表 2-5　　　　　　　　　　财政乘数之比较

| | 高负债国家 | | | 低负债国家 | | |
|---|---|---|---|---|---|---|
| h | 线性 | 繁荣期 | 衰退期 | 线性 | 繁荣期 | 衰退期 |
| 0 | 0.474484 | 0.375397 | 0.390743 | 0.648241 | -0.47968 | 1.341748 |
| 1 | 0.187714 | 0.184335 | 0.13745 | 0.508437 | -1.23369 | 1.372001 |
| 2 | 0.03266 | -0.07607 | 0.104072 | 0.465491 | -0.9648 | 1.144001 |
| 5 | -0.01798 | 0.054323 | -0.06203 | 0.192211 | -0.60783 | 1.007314 |

上述图表展示出 3 个主要结论：第一，从线性模型的结果来看，低负债国家的财政乘数大于高负债国家，这与文献中的研究结论相一致。第二，低负债国家的财政乘数呈现出显著的非线性特点，在经济衰退时期财政乘数大于 1，在经济繁荣时期的财政乘数甚至为负。第三，对于高负债国家来说，财政乘数在经济繁荣和经济衰退时期没有显著差异，且随着时间的推演，财政乘数在 0 附近。这些结果表明，政府负债水平的高低是影响财政乘数大小和非线性特点的因素之一。

在政府负债率较高的情况下，私人部门往往更容易预期到未来纳税义务负担增加。此外，在政府处于高负债之时，政府投资可能被迫降低，这与消费的减少形成联动，从而降低财政政策效果。

## （六）本部分小节

本部分的研究使用局部投影法，利用包括发展中国家在内的跨国数据样本考察财政支出乘数在经济繁荣和经济衰退时期的大小。进一步，从经济发展水平、开放程度、汇率制度和政府负债水平等角度对样本中的国家进行了区分，考察上述经济特征和制度特点对财政乘数的影响。

实证分析发现，从全样本国家来看，财政乘数呈现出非线性特点，即经济衰退时期的财政乘数大于经济繁荣时期的财政乘数。从分样本的数据来看，不同经济特征和制度特点均对财政乘数产生影响。第一，发展中国家的财政乘数大于发达国家的财政乘数；在发展中国家，财政乘数在经济衰退时期大于经济繁荣时期，发达国家则没有这一特点。第二，经济开放程度较低的国家的财政乘数大于经济开放度高的国家,且财政乘数的非线性特点只在经济开放度较低的国家中存在。第三,从汇率制度来看,采取固定汇率制度的国家的财政乘数较大,且经济繁荣时期的乘数大于经济衰退时期,采取浮动汇率制度的国家则没有非线性乘数的特点。第四,政府负债率高低也是影响财政乘数的因素之一。高负债国家财政乘数相对较低,且没有非线性特点;相反,低负债国家财政乘数较高,且财政乘数在经济衰退时期显著高于经济繁荣时期。

## 二、非线性财政乘数的理论分析

在本章第一部分,我们使用局部投影法,通过跨国数据对经济繁荣和衰退时期的财政乘数进行了实证检验。实证研究对已有文献进行了补充,虽然分析了不同情境之下财政乘数的非线性效应,但无法给出财政支出在经济繁荣和衰退时期的传导机制。因此,在本章的第二部分,我们尝试通过动态随机一般均衡模型对非线性财政乘数的作用机理给出理论解释。

相较于实证研究,文献中对非线性财政乘数的理论研究尚属较少。在已有的研究中,Canzoneri等(2016)发现银行中介成本的逆周期性是政府支出在经济衰退时乘数较大的原因之一,这是因为政府支出的增加降低了利差,鼓励了私人借贷。Michaillat(2014)发现在经济繁荣时期,政府雇佣的增加提升了劳动力成本,从而降低了政府支出在鼓励就业方面的有效性。Shen和Yang(2018)指出名义工资的向下刚性,是经济衰退时期财政乘数较大的原因。

本部分将基于动态随机一般均衡模型,引入适当的摩擦,通过非线性解法来探讨财政政策非线性效应的来源和传导机制。这一部分的研究有两个难点需要突破:第一是引入什么样的摩擦,既符合现实又能够产生非线性财政乘数;第二是模型的非线性解法。对于第二个问题,我们已经具备了相应的专业知识与技术。对于第一个问题,项目组通过梳理文献,将从如下两个角度进行研究。

在本部分，我们提出一个产生非线性财政乘数的新的机制。具体来说，我们将目光放到劳动生产率上。我们首先考察在不同经济状况下，劳动生产率对政府支出扩张产生的反应。研究结果表明，在经济衰退时期，财政支出的扩张带来了劳动生产率较大幅度的提高；相反，在经济繁荣时期，劳动生产率对政府支出扩张的反应较小。根据这一发现，我们在动态随机一般均衡模型中引入了"干中学"效应，考察其是否能够帮助生成随经济周期变动的财政乘数。所谓"干中学"效应，是指劳动者在工作中通过劳动时间积累经验，从而提高劳动生产率的效应。

已有的文献表明，当引入了生产过程中的"干中学"效应后，财政支出对经济的影响将会被放大。原因在于，当期的财政支出扩张不仅增加了当期的总需求，还通过影响劳动时间这一渠道，通过"干中学"效应，传导到了未来的生产率之中，从而影响到了未来产出和通胀的预期。当"干中学"效应与劳动时间的函数关系为凹函数时，这一传导渠道在经济繁荣和经济衰退时期的效应大小不同。因此，本节将引入"干中学"效应，为财政政策的非线性效应提出一个新的理论解释。

（一）劳动生产率对财政支出扩张的反应

在这一节中，我们首先考察劳动生产率对财政支出扩张的反应，并重点关注在经济繁荣和经济衰退时期劳动生产率对财政支出的弹性是否有所不同。我们借鉴 Auerbach 和 Gorodnichenko（2012）的方法进行实证检验。具体来说，本节使用如下的实证模型：

$$X_t = (1 - F(z_{t-1}))\prod_E(L) X_{t-1} + F(z_{t-1})\prod_R(L) X_{t-1} + u_t$$

$$u_t \sim N(0, \Omega_t)$$

$$\Omega_t = \Omega_E(1 - F(z_{t-1})) + \Omega_R F(z_{t-1})$$

$$F(z_t) = \frac{\exp(-\gamma z_t)}{1 + \exp(-\gamma z_t)}, \gamma > 0$$

$$var(z_t) = 1, E(z_t) = 0$$

其中，$X_t = (A_t, Y_t)$，$Y_t = (G_t, T_t, GDP_t)$，$A_t$ 代表劳动生产率，$G_t$ 代表

财政支出，$T_t$ 代表总税收，$GDP_t$ 代表实际国内总产值，$F(z_t)$ 代表经济周期的指标，$z_t$ 为标准化后的 7 个季度的移动平均 GDP 增长率，$\prod_E(L)$ 和 $\prod_R(L)$ 分别代表经济繁荣和衰退时期的 L 阶向量自回归系数，$u_t$ 代表外生随机波动，$\Omega_E$ 和 $\Omega_R$ 分别代表经济繁荣和经济衰退时期的经济波动标准差。在向量自回归的变量排序中，我们参考了 D'Alessandro 等（2019）、Blanchard 和 Perotti（2002）。数据方面，本节我们使用了美国季度数据，主要原因为劳动生产率数据的可获得性。我们得到的脉冲响应函数如图 2-10 所示。

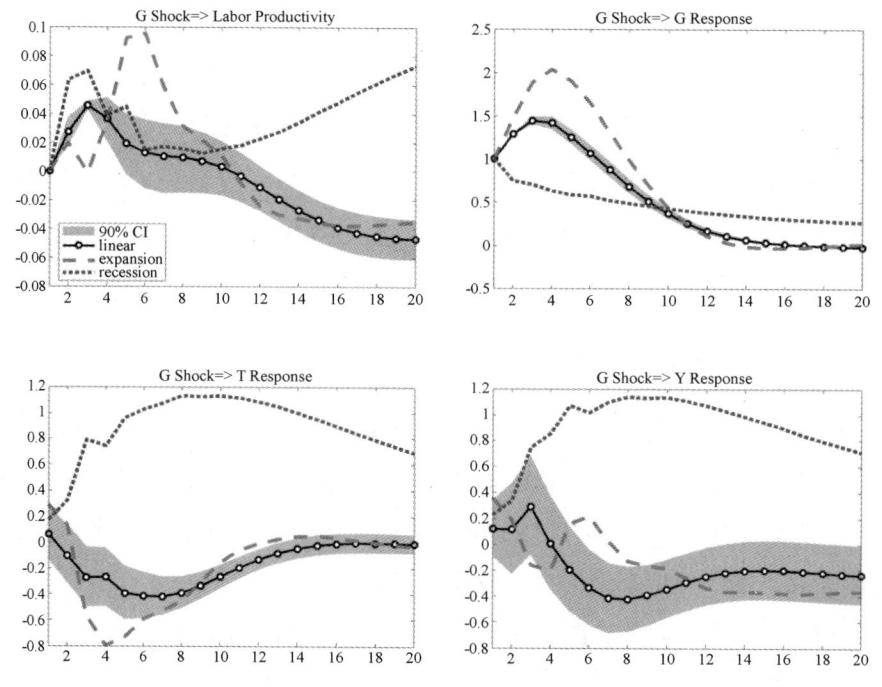

图 2-10　劳动生产率、税收和产出的脉冲响应函数

从脉冲响应函数可以看出，在经济繁荣和衰退时期，政府支出冲击本身和主要变量对政府支出冲击的反应都有所不同。由于财政支出冲击在两个经济状态中本身的不同，仅从脉冲响应函数中，我们无法得到劳动生产率等变量对财政支出冲击的反应是否在经济繁荣和经济衰退时期有所不

同。因此,有必要计算劳动生产率对财政支出扩张的弹性。经计算得到的劳动生产率弹性和产出乘数如表 2-6 所示。

表 2-6　　　　　　　　产出乘数和劳动生产率弹性

|  | 产出乘数 | | |
| --- | --- | --- | --- |
|  | 1 年 | 2 年 | 4 年 |
| 线性 | 0.1309 | -0.0624 | -0.2328 |
| 经济繁荣时期 | 0.0251 | 0.0335 | -0.1532 |
| 经济衰退时期 | 0.7069 | 1.2436 | 1.8056 |
|  | 劳动生产率弹性 | | |
|  | 1 年 | 2 年 | 4 年 |
| 线性 | 0.0212 | 0.0165 | 0.0008 |
| 经济繁荣时期 | 0.0087 | 0.0275 | 0.0148 |
| 经济衰退时期 | 0.0554 | 0.0497 | 0.0584 |

从表 2-6 中,我们可以得出两个主要结论:第一,经济衰退时期的产出乘数显著大于经济繁荣时期的产出乘数。并且,经济衰退时期的长期乘数大于 1;经济繁荣时期的财政乘数在短期内接近于 0,在长期来看为负值。第二,劳动生产率对财政支出弹性在经济衰退时期也显著大于经济繁荣时期。从第二条结论可以看出,劳动生产率和总产出在不同的经济周期状态下,对财政支出扩张的反应都呈现出显著的非线性现象。这一结论启发了我们考察劳动生产率的非线性反应是否可以解释实证中发现的非线性财政乘数。为此,我们在标准的动态随机一般均衡模型中,引入了"干中学"效应。

### (二) 引入"干中学"效应的动态随机一般均衡模型

本书沿用 Smets 和 Wounters (2007) 广义的新凯恩斯 DSGE 模型框架来构建模型。其中,家庭和厂商的动态优化行为采取了文献中的标准结构。对劳动生产率的"干中学"效应是本书的主要创新之处。

**1. 家庭**

假设在经济体中,存在着连续的同质家庭。家庭通过选择消费 $c_t$、劳

动时长 $N_{jt}$ 和债券投资 $B_t$ 来最大化消费者贴现的终身效用，终身效用函数表示为：

$$E_0 \sum_{t=1}^{\infty} \beta^t \zeta_t \left[ \log(c_t - c\, v_t) - \frac{N_t^{1+\chi}}{1+\chi} \right]$$

其中，$\beta \in (0,1)$ 为贴现率，表示消费者的偏好；$c \in (0,1)$ 为内在消费习惯的形成因子，衡量消费内部偏好的持续性；$\zeta_t$ 为 $t$ 期的偏好冲击；$N_t$ 为家庭的劳动供给；$\chi$ 为 Frisch 劳动供给弹性的逆；$v_t$ 代表消费者口味冲击。

消费者满足预算约束条件：

$$c_t + \frac{B_t}{P_t} = (1 - \tau_N) \frac{W_t N_t}{P_t} + \frac{(1 + i_{t-1}) B_{t-1}}{P_t} - \frac{T_t}{P_t} + \frac{\prod_t}{P_t}$$

其中，$P_t$ 为价格指数；$B_t$ 为政府债券；$i_{t-1}$ 为名义利率；$W_t$ 为名义工资；$\tau_N$ 代表劳动所得税率；$T_t$ 为政府征收的一揽子税收；$\prod_t$ 为家庭从垄断竞争企业得到的利润。

**2. 厂商**

市场中的生产厂商共分为两大类，中间产品厂商和最终产品厂商。假设中间产品厂商 $i \in (0,1)$ 生产中间产品 $y_{it}$，用来加工生产最终产品 $y_t$。最终产品厂商为完全竞争的，即最终产品厂商的利润为零，满足 Kimball（1995）加总生产函数，对最终产品的总需求表示为不同中间产品厂商生产的差异化产品的加总。

$$1 = \left( \int_0^1 G\left( \frac{Y_t(i)}{Y_t} \right) di \right)$$

其中，$Y_t$ 为最终产品，$Y_t(i)$ 为厂商 $i$ 生产的中间产品的产量，作为最终产品的要素投入。我们假设函数 $G(.)$ 满足如下严格凹函数和增函数：

$$G\left( \frac{Y_t(i)}{Y_t} \right) = \frac{\omega}{1+\psi} \left[ (1+\psi) \frac{Y_t(i)}{Y_t} - \psi \right]^{\frac{1}{\omega}} - \left[ \frac{\omega}{1+\psi} - 1 \right]$$

其中，$\psi = \frac{(1-\phi_p)\epsilon_p}{\phi_p}, \omega = \frac{\phi_p - (\phi_p - 1)\epsilon_p}{1 - (\phi_p - 1)\epsilon_p}$。$\phi_p > 1$ 代表中间品厂商的价格加成；参数 $\epsilon_p$ 决定了中间品需求曲线的曲率。当 $\epsilon_p = 0$ 时，Kimball（1995）加总形式就退化成了 Dixit - Stiglitz 加总函数；当 $\epsilon_p > 0$ 时，中间品

厂商面对的是一个类弯折（quasi-kinked）的需求曲线，意味着价格的相对下降对中间品的需求提高有限。这一需求加总形式给厂商定价行为带来了额外的策略互补性，使得厂商在调价时，调整的幅度会变小。

假设总资本 $K$ 为固定值，中间品厂商 $i$ 的生产函数为：

$$Y_t(i) = K(i)^\alpha [X_t N_t(i)]^{1-\alpha}$$

尽管总资本 $K = \int K(i)di$ 固定，但是不同中间品厂商之间可以调节资本使用量，使得中间品厂商的实际边际成本在不同厂商之间相等。$X_t$ 代表劳动生产率，由于"干中学"效应的存在，劳动生产率的变动遵循如下方程：

$$X_t = X_{t-1}^{\rho_x} N_t^{\mu_n}$$

根据上式，"干中学"效应体现在劳动生产率会随着总劳动时间 $N_t$ 的增长而提高，文献中（如 D'Alessandro 等，2019）通常假设 $\mu_n \in (0,1)$，即劳动时间的增加会提高未来的劳动生产率，但其边际增速随着劳动时间的增长而下降。

价格调整方面，中间品厂商使用 Calvo 形式的定价方式，每一期，中间品厂商 $i$ 有 $1 - \xi_p$ 的概率调整价格，如果厂商没有获得重新设定最优价格调整的机会，则根据方程 $\tilde{P}_t = (1 + \pi) P_{t-1}$ 对价格进行调整。

**3. 货币与财政政策**

政府的预算约束如下：

$$B_t^g = (1 + i_{t-1}) B_{t-1}^g + P_t G_t - \tau_N W_t N_t - T_t$$

其中，$B_t^g$ 代表政府名义总债务，$G_t$ 为实际政府支出。实际税收 $\tau_t = \dfrac{T_t}{P_t Y}$ 的政策函数为：

$$\tau_t - \tau = \varphi_b (b_{t-1}^g - b^g)$$

其中，$b_t^g = \dfrac{B_t^g}{P_t Y}$，即政府支出部分由新发行政府债务来融资，同时一次性总赋税会随着实际债务水平占产出的比重增加而进行调节。

货币政策遵循泰勒规则并受到零利率下限的约束：

$$1 + i_t = \max\left(1, (1+i)\left[\frac{1+\pi_t}{1+\pi}\right]^{\gamma_\pi}\left[\frac{Y_t}{Y_t^{pot}}\right]^{\gamma_y}\right)$$

其中，$Y_t^{pot}$ 为潜在产出，$\pi_t$ 代表通货膨胀率，$\pi$ 为通货膨胀的稳态值。$\gamma_\pi$ 和 $\gamma_y$ 为名义利率对通货膨胀和产出缺口的反应系数。

**4. 参数校准**

本节参考 Linde 和 Trabandt（2018）以及 D'Alessandro 等（2019）进行参数校准。折现因子 $\beta = 0.995$，稳态时的通货膨胀率 $\pi = 0.005$，资本份额 $\alpha = 0.3$，Frisch 劳动供给弹性的逆 $\chi = 2.5$，消费口味冲击的稳态值为 $\nu = 0.01$，价格加成 $\phi_p = 1.1$，不能调整最优价格的概率 $\xi_p = 0.667$，意味着平均价格持续时间是 3 个季度，中间品需求曲线的曲率 $\epsilon_p = 0.012$。政府债务占总产出的比重 $b^g = 2.4$，政府支出占 GDP 的比重的稳态值 $g_y = 0.2$，一次性总赋税的稳态值 $\tau = 0$，劳动所得税率 $\tau_N = 0.33$，税收政策规则参数 $\varphi_b = 0.01$，泰勒规则中，名义利率对通货膨胀的反应系数 $\gamma_\pi = 1.5$，对产出缺口的反应系数 $\gamma_y = 0.125$。

## （三）政策实验和脉冲响应

在本节中，我们考虑如下政府支出规则：

$$g_{y,t} - g_y = \rho_g(g_{y,t-1} - g_y) + \varepsilon_{g,t}$$

其中，$\rho_g$ 为财政支出的持续性，$\varepsilon_{g,t}$ 代表政府支出冲击。参考 Linde 和 Trabandt（2018），设定 $\rho_g = 0.95$。

本节采用非线性方法对模型求解。为了在模型中产生经济衰退，我们使用了折现因子冲击。具体来说，定义：

$$\delta_{t+1} = \frac{\zeta_{t+1}}{\zeta_t}$$

$$\delta_t - \delta = \rho_\delta(\delta_{t-1} - \delta) + \sigma_\delta \varepsilon_{\delta,t}$$

其中，$\delta = 1$。$\varepsilon_{\delta,t}$ 为折现因子冲击。

在政策实验中，本节分别考察在经济稳态时期和由折现因子冲击导致的经济衰退时期，政府支出扩张的经济效果和传导机制。脉冲响应函数如

图2-11所示。

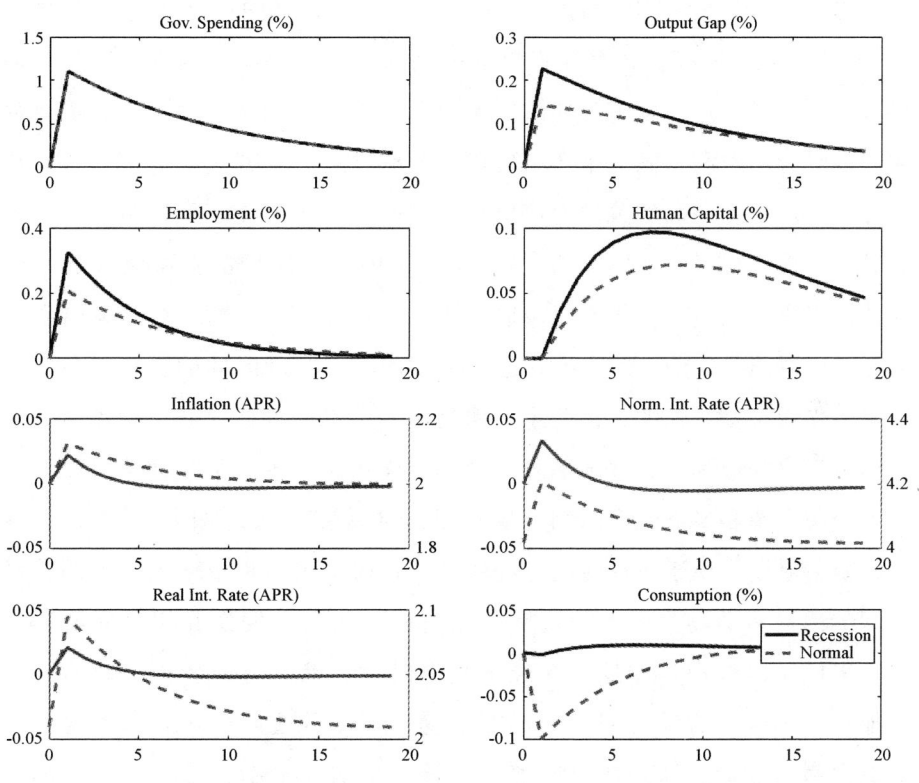

图 2-11　财政支出的脉冲响应函数

从财政支出的脉冲响应函数可以看出，相同幅度的财政支出扩张在经济繁荣和经济衰退时期产生的效果显著不同。具体来说，我们发现如下几个重要结果：第一，财政支出在经济衰退时期对产出和就业的影响更大。第二，劳动生产率的脉冲响应函数在经济衰退时期也相对较大。第三，在经济衰退时期，财政支出对私人部门消费产生了挤入作用，在经济繁荣时期，财政支出扩张的挤出效应较为显著。

上述结论也可以通过对财政乘数测算进行佐证。从表2-7可以看出，在经济繁荣时期，财政支出的乘数无论从当期来看，还是从1年或2年的累积乘数来看，都小于1。在经济衰退时期，财政乘数明显大于经济繁荣时期，并且1年和2年的累积乘数大于1，即财政支出在经济衰退时期挤入了私人消费。

这一结果是由于本书引入的"干中学"效应产生的。具体来说，由于"干中学"效应的存在，财政支出的提高除了传统的增加需求和产生负向财富效应以外，还产生了额外的影响机制。由于需求的增加，企业需要雇佣更多的劳动时间来满足生产，更多的劳动时间会通过"干中学"效应提高劳动生产率。更高的劳动生产率会对未来的收入产生正面影响，从而鼓励居民消费。如果这一"干中学"效应足够大，就可能克服负向财富效应，使得家庭消费在总体上对政府支出的反应为正。从劳动生产率的积累方程可以看出，"干中学"效应是非线性的，即劳动时间的提高对劳动生产率的作用不是线性的比例关系，而是随着劳动时间的延长，劳动时间对劳动生产率的边际贡献逐渐下降。这一非线性的"干中学"效应是财政支出在经济繁荣和经济衰退时期产生不同的财政乘数主要原因。这是因为在经济繁荣时期，由于劳动时间已经较长，政府支出增加带来的额外的劳动时间的提高对劳动生产率的边际作用有限，不足以完全克服负向财富效应带来的挤出效应。相反，在经济衰退时期，劳动时间较短，政府支出增加带来的额外劳动时间的提高对劳动生产率的边际作用较大，足以克服负向财富效应，从而使得政府支出挤入了居民消费，带来了较大的财政乘数。

表 2-7　　　　　　　　　　财政支出的产出乘数

| | 产出乘数 | | |
|---|---|---|---|
| | 冲击当期 | 1 年 | 2 年 |
| 经济繁荣时期 | 0.6451 | 0.7026 | 0.8360 |
| 经济衰退时期 | 0.9928 | 1.0150 | 1.0305 |

（四）Kimball 和 Dixit-Stiglitz 加总形式的比较

在本章中，我们使用了 Kimball（1995）的消费加总形式，在本节中，我们考察在常见的 Dixit-Stiglitz 加总形式下产生的结果。当 $\epsilon_p = 0$ 时，

Kimball（1995）加总形式就退化成了 Dixit – Stiglitz 加总函数。Dixit – Stiglitz 加总形式的脉冲响应函数如图 2 – 12 所示。

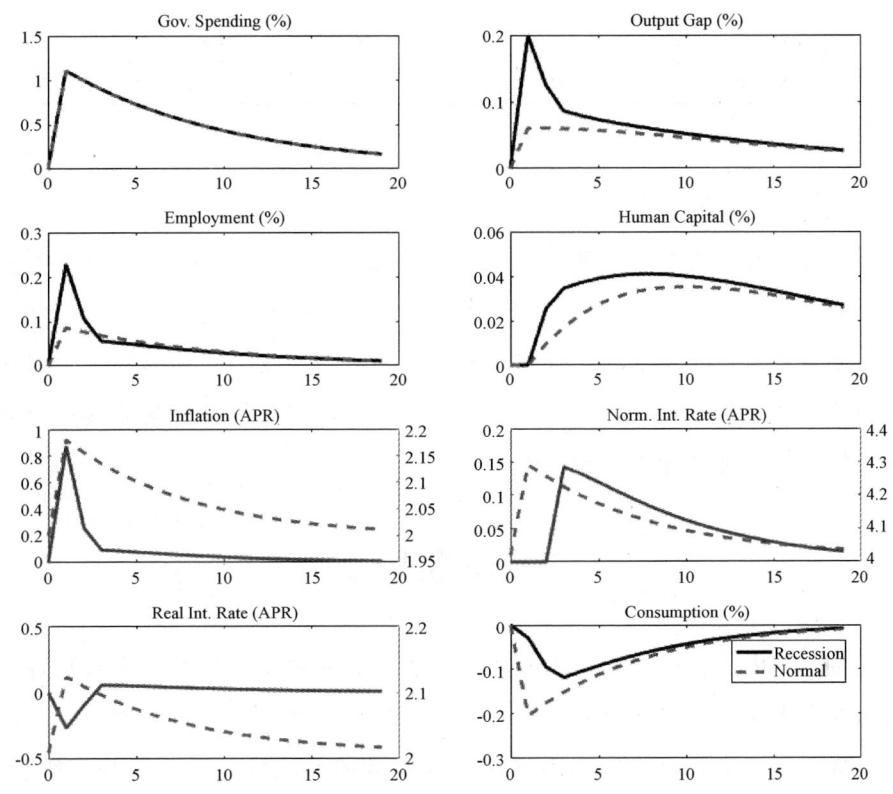

图 2 – 12　Dixit – Stiglitz 加总形式下财政支出的脉冲响应函数

从图 2 – 12 可以看出，在 Dixit – Stiglitz 加总形式下，在经济衰退时期，产出和劳动对政府支出的反应也大于经济繁荣时期的反应。除此之外，居民消费的挤出效应较小，但居民消费对政府支出的反应依然为负。从表 2 – 8 的财政乘数可以看出，在 Dixit – Stiglitz 加总函数下，经济衰退时期的财政乘数同样大于经济繁荣时期的财政乘数，但经济衰退时期的财政乘数小于 1，表明政府支出挤出了居民消费。这一结果表明，Kimball（1995）加总函数是"干中学"效应在经济衰退时期产生大于 1 的财政乘数的必要条件，但 Kimball（1995）加总函数不是产生非线性财政乘数的必要条件。

表 2-8　　Dixit-Stiglitz 加总函数下财政支出的产出乘数

|  | 产出乘数 | | |
| --- | --- | --- | --- |
|  | 冲击当期 | 1 年 | 2 年 |
| 经济繁荣时期 | 0.2706 | 0.3121 | 0.3592 |
| 经济衰退时期 | 0.8954 | 0.6397 | 0.5946 |

### （五）本部分小节

本章的分析表明，在标准的新凯恩斯动态随机一般均衡模型中引入"干中学"效应，可以产生非线性财政乘数；结合 Kimball (1995) 的消费加总函数，可以在经济衰退时期产生大于 1 的财政乘数，即财政支出对居民消费产生了挤入效应。本章的理论分析为实证研究中发现的非线性财政乘数给出了一种新的机制和理论解释。

## 三、政策思考

在本章中，我们首先从跨国数据的实证研究中发现了财政乘数在经济衰退时期大于经济繁荣时期，并且讨论了经济发展水平、汇率制度、政府债务规模、经济开放程度等因素对财政乘数的非线性性质的影响。接着，我们在标准的新凯恩斯动态随机一般均衡模型引入了"干中学"效应，发现劳动时间对劳动生产率的非线性作用是产生非线性财政乘数的机制之一。进一步，当采取 Kimball (1995) 的消费加总函数时，"干中学"效应得以放大，使得政府支出在经济衰退时期能够挤入居民消费，从而产生大于 1 的财政乘数。

本章的研究具有重要的理论价值和政策意义。从理论价值来看，财政政策的传导机制一直以来都是学术界关注的主题。近年来，随着实证研究的进展，理论研究也开始关注财政政策的非线性效应，本章的理论价值体现在提供了一种产生非线性财政乘数的新的机制。从政策意义来看，本章的发现对大规模财政刺激政策的制定和执行提供了理论依据。从实证和理论研究中都发现，以财政支出扩张为主要手段的财政刺激政策并不是在所有时期都能有效刺激居民消费。财政支出扩张的有效性在于政府支出带来的劳动时长的提高能否有效提高未来的劳动生产率。由于劳动生产率是劳动时长的凹函数，劳动时长的增加对劳动生产率的边际作用取决于劳动时长处于何种水平。当劳动时长本身处于高位时，即经济繁荣时期，劳动时长的增加对劳动生产率的边际作用较低；相反，当劳动时长本身处于低位时，即经济衰退时，劳动时长的增加对劳动生产率的边际作用较高。因此，以财政支出扩张为代表的财政刺激政策需要密切关注劳动力市场的情况。

在经济下行压力加大，国际新冠肺炎疫情局势仍然严峻的经济形势下，财政政策作为一个重要的政策手段，其实施的时机和实施的方式需要经过仔细考量。从本章的分析来看，以政府支出扩张为主的财政刺激政策在经济已经陷入衰退时期最为有效，但是在经济尚未进入衰退期，劳动时长尚未严重下滑时，财政支出的经济刺激效果不明显。因此，财政支出扩张虽然可以在经济衰退时期促进经济复苏，但是却不能有效地防止经济从繁荣状态陷入衰退状态。也就是说，在经济下行压力较大但企业订单尚未严重下滑时期，财政支出的扩张并不是一个较好的政策选择。在制定财政刺激政策时，相关政府部门需要根据政策介入的时间，使用不同的政策工具。

# 第三章 货币政策协调、财政支出结构与积极财政政策提质增效

## 一、引言与文献综述

作为熨平经济周期的政策手段，经济陷入衰退时期，财政政策就会受到学术界和政策界的广泛关注。为了应对外部经济冲击，中国于1998—2004年首次运用积极财政政策进行宏观调控。随着2008年国际金融危机的爆发，财政政策再次置于了世界政策舞台的中心，美国政府在2009年推出了自大萧条以来最大规模的经济刺激计划"美国经济复苏与再投资法案"，该经济刺激计划实际耗资高达8400亿美元，中国政府也于2008年年底再次启动积极财政政策并持续超过10年。2020年，新冠肺炎疫情的爆发和国际上若干国家抗疫措施不完善将世界经济拖入了泥潭，财政刺激政策再次成为应对冲击的主要选择之一。与前几次积极财政政策实施时的背景不同的是，当前财政经济状况受到贸易摩擦、国外不确定性加剧、疫情冲击和减税降费等因素的影响，各级政府的财政收入下降，财政支出扩张空间有限。

中央政治局会议多次强调"要实施好积极的财政政策……财政政策要加力提效"，体现了我国政府稳定经济的决心，也反映出财政政策作为宏观调控工具的重要性。那么，财政政策的实际效果如何？能不能有效熨平经济波动？财政政策与经济的互动机制以及政策的传导机制是怎样的？就

成为政策制定者和经济学界共同关心,并且必须搞清楚的问题。为了定量地分析财政政策的政策效果,相当一部分文献聚焦于测算财政乘数,即一单位政府支出的增加会带来多少单位的总产出的增加。Ramey(2011b)总结了部分基于西方国家数据的实证研究成果,发现测算的财政乘数居于0.8—1.5之间。中国学术界也对中国财政乘数的大小进行了丰富的实证研究,例如Wang和Wen(2019)基于结构性向量自回归的研究发现,中国短期财政乘数可达2.7,财政乘数在长期更是高达4.9。Zhang等(2019)的研究也发现,我国短期财政乘数显著大于1,长期财政乘数高达3。李明和李德刚(2018)利用中国政府对民族地区转移支付的制度设计,测算出我国县级政府的地方财政乘数显著大于1。此外,Zhang(2020)、Jeong等(2017)以及Shi和Fukushige(2015)等实证研究都发现我国财政乘数显著大于1。虽然也有少数研究发现我国财政乘数小于1,但是可以看出,对我国财政乘数的测算,不同的方法得出的结论不尽相同,总体而言,同西方国家相比,中国的财政乘数的实证测算结果较大,在大多数文献中都显著大于1。

摆在经济学理论面前的一大难题是,标准的经济学模型无法生成大于1的财政乘数。这是因为存在负的财富效应产生的挤出效应,无论在标准的新古典经济学模型还是新凯恩斯模型中,财政支出都不能产生对私人消费的挤入效应,从而难以产生大于1的财政乘数,这就使得理论模型无法解释实证结果。为此,经济学界不得不对标准模型进行修正,使得模型能够解释财政支出挤入居民消费的机理,也取得了一定进展。然而,在已有的理论拓展中,要么需要较强的假设,要么与中国经济制度和发展的实际情况不符,不能用来解释中国经济现象。鉴于大多数的实证研究发现,中国的财政乘数显著大于1,中国学术界迫切需要给出一个符合中国现实的理论解释。这一工作不仅具有推动经济理论发展的意义,更具有帮助政策制定者理清政策传导机制,从而精准决策的重大实践意义。本章的研究目的之一就在于找到这样一个理论解释。

与西方国家不同,中国人民银行和财政部同属于国务院组成部门,货币和财政政策的决策部门在中央的统一领导下共同服务于实体经济。文献表明，财政政策的经济刺激效果取决于货币政策"逆风向而动"的程度，相较于互相独立的财政货币政策，货币与财政政策的相互配合更有可能加强政策效果。当财政支出扩张时，货币政策同时保持宽松有助于加强财政支出的政策效果。基于上述分析，本章从货币与财政政策相互配合的角度出发，为实证研究中所发现的较大财政乘数提供一个符合中国国情的理论解释。

另外，中国财政支出结构呈现出鲜明的特点，中国财政调控的重要工具是政府投资。文献表明，政府投资支出可以带动私人部门的投资，并从长期来看对居民消费产生挤入效果（郭新强和胡永刚，2012；王国静和田国强，2014；饶晓辉和刘方，2014；卞志村和杨源源，2016）。政府投资主要通过形成生产性公共品来产生外部性，从而提高了私人投资的边际产出，提升私人部门投资意愿；同时，还可以提高劳动生产率，使得劳动需求增加，进而提高工资水平，增加居民部门的劳动收入。相比之下，政府支出的消费部分对私人部门的影响取决于居民消费和政府消费之间的互补性（Bouakez 和 Rebei，2007；Pappa，2009；Fève 等，2013；王国静和田国强，2014）。不同类型的财政支出在经济中有着不同的传导机制，因此，区分财政支出类型是研究以财政支出扩张为代表的财政政策效果的必要条件（王国静和田国强，2014；Li，2017）。

金融摩擦通过影响资金配置会改变冲击在经济中各个部门的传导，进而放大或缩小冲击对经济的影响，成为近年来学术界研究的重点。例如，王妍（2015）通过实证研究发现，财政支出的政策效果取决于金融摩擦的大小。薛立国等（2016）以及陈登科和陈诗一（2017）发现忽视刻画金融摩擦的模型，在估计财政乘数时会产生较大偏误。因此，金融摩擦会对财政政策在经济中的传导产生重要作用，是研究财政政策效果不容忽视的因素之一。

上述分析表明，纳入货币政策对财政政策的协调机制、区分政府支出类型和引入金融摩擦是研究财政支出的政策效果和传导机制的三个要素。

已有的文献虽然从多角度对财政支出的传导机制进行了研究，但尚有不足。本章首先实证考察货币政策对财政政策的响应，以及中国自财政分权以来的财政支出的结构变化。接下来，本书将构建一个区分基建部门和非基建部门的动态随机一般均衡（DSGE）模型，引入 Bernanke 等（1999）提出的金融加速器理论刻画金融摩擦，并且将财政支出划分为政府投资、民生性支出和政府消费，考察不同类型的财政支出的传导机制以及货币政策协调对财政政策效果的影响。

本章的研究表明，中国货币政策部门在财政支出扩张时，采取了增加货币供给的宽松的货币政策，并且货币政策的配合是产生较大财政乘数的重要因素。同时，不同类型的财政支出对主要经济变量的作用以及在宏观经济中的传导机制有着明显区别。从财政乘数的比较来看，政府民生支出扩张具有最大的政策刺激效果，其有效性主要来自对居民消费的挤入作用。政府投资的经济刺激效果次之，主要体现在公共资本增加的长期效果上，当政府投资对公共资本生产性的边际拉动效果减弱时，政府投资的经济刺激效果会相应降低。政府消费支出扩张的刺激效果最差，财政乘数在短期和长期均小于1，表明政府消费的扩张挤出了私人部门的经济活动。

与已有的研究相比，本书的贡献体现在：第一，从数据中证实我国货币政策对财政政策的协调配合；第二，通过数据挖掘了中国财政支出结构变化和经济增长之间的典型事实；第三，将财政因素引入 DSGE 模型的货币政策规则中，在体现了上述实证发现的同时，也进一步完善了学术界对我国货币政策规则本身的研究；第四，通过构建区分基建和非基建的两部门模型，结合金融摩擦，分析了不同类型财政支出冲击的新的传导机制。本书的理论模型拓展了已有的宏观经济理论，既考虑了财政支出在不同生产部门之间的分配和作用，以及政策在各部门之间的传导（如郭长林，2018），还加入了货币政策协调配合这一因素，又考虑了金融摩擦在财政政策传导中的重要作用（如薛立国等，2016；陈登科和陈诗一，2017）。此外，本书对财政支出类型进行了更加细致的划分（如王国静和田国强，2014；饶晓辉和刘方，2014，卞志村和杨源源，2016），可以更加准确地考察不同财政支出类型的政策效果和传导机制。

本章剩余部分的结构安排如下：第二部分考察我国财政政策对货币政策影响的经验事实和中国自分税制改革以来的财政支出结构变迁，以及不同财政支出类型和经济增长之间的关联；第三部分是 DSGE 模型的构建和参数校准与估计；第四部分考察不同类型财政支出冲击对宏观经济的影响和在经济中的传导机制；第五部分是结论与政策启示的讨论。

## 二、经验事实

本部分经验事实分析旨在考察两个方面。

首先，通过分析中国货币政策对财政支出扩张的响应，考察中国货币政策对财政政策是给予协调配合还是保持相对独立。在分析策略上应用了结构性向量自回归（SVAR）方法，将财政支出与货币政策变量一同纳入模型中，并结合 Blanchard 和 Perrotti（2002）以及 Bjørnland 和 Leitemo（2009）的方法同时施加短期和长期识别假设识别外生政府支出冲击。

其次，中国自分税制改革以来，经历了两轮积极财政政策时期，并且较为成功地应对了国内外经济冲击，保障了宏观经济增长的基本稳定。本部分回顾近 30 年以来的财政支出结构和中国宏观经济增长特点。本书使用的数据主要来自 Chang 等（2016）和 CEIC 数据库，样本区间为 1992—2018 年。

### （一）SVAR 模型的构建和识别

令 $Y_t = (g_t, y_t, \text{Loan}_t, \pi_t, M2_t)'$ 表示向量自回归模型中所使用的向量，括号中的元素位置即表示各个变量在模型中的排序。纳入的变量为：国内生产总值（$y$），政府支出（$g$），广义货币供应量环比增长率（$M2$），通货膨胀率（$\pi$），金融机构贷款余额（Loan），时间跨度为 1995Q1—2017Q4，资料来源全部为 Chang 等（2016）。

将 SVAR 模型表达成如下形式：

$$Y_t = B(L)Y_t + \nu_t$$

其中，$B(L)$ 为滞后算子，$\nu_t$ 为一个 $5 \times 1$ 的向量，表示统计残差，需要从统计残差中识别出相互正交的结构性冲击 $\varepsilon_t$。结构性冲击可以表达为统计残差的线性组合，即 $\nu_t = C\varepsilon_t$，其中 $CC' = V$，$E\nu_t\nu_t' = V$。此外，为了识别 C，$\varepsilon_t$ 的标准差通常被标准化为 1。接下来，研究者需要通过对矩阵 C 施加识别假设来识别结构性冲击产生的影响。在识别财政冲击的文献中，Blanchard 和 Perrotti（2002）提出的短期识别假设具有广泛的影响力。他们提出，由于财政体制安排等原因，财政支出对宏观经济的反应存在滞后，因此可以施加一个财政变量对经济变量的短期反应为 0 的识别假设。将财政支出变量放置于所有变量之前时，这一短期识别假设就体现为 C 矩阵第一行的元素除了第一列外，其余都为 0。这也是文献中经常提到的利用 Choleski 分解法识别财政政策冲击的原理。在 Choleski 分解中，C 矩阵对角线右上方的元素均为 0。与文献中的情况不同的是，本书的 VAR 模型中还加入了以 M2 增长率为代表的货币政策变量和通货膨胀水平这一能够与货币政策短期内相互作用的经济变量，不能假设通胀水平和货币政策之间的短期反应为 0。即，C 矩阵的第四行第五列元素不为 0。施加短期识别假设后的 C 矩阵结构如下：

$$C = \begin{bmatrix} C_{11} & 0 & 0 & 0 & 0 \\ C_{21} & C_{22} & 0 & 0 & 0 \\ C_{31} & C_{32} & C_{33} & 0 & 0 \\ C_{41} & C_{42} & C_{43} & C_{44} & C_{45} \\ C_{51} & C_{52} & C_{53} & C_{54} & C_{55} \end{bmatrix}$$

为了完全识别矩阵 C，我们还需要施加一个额外的识别假设。为此，本书借鉴 Bjørnland 和 Leitemo（2009）的方法，根据货币长期中性的原理，假设短期货币政策冲击对通货膨胀水平的长期影响为 0。这一长期识别假设可以通过将 $(I - B)^{-1}C$ 这一矩阵的第四行第五列元素设定为 0 来实现，其中，$B = B(1) + B(2) + \cdots + B(p)$，$p$ 为 VAR 模型的滞后阶数。根据信息准则，本书的基准模型选取的滞后阶数为 5 阶。

综上，通过同时施加短期和长期识别假设，本部分将财政与货币政策变量共同纳入结构性向量自回归模型中,可以识别出财政政策冲击对货币政策变量和其他宏观经济变量的影响。

## (二) 脉冲响应

图 3-1 为一单位财政政策冲击带来的脉冲响应。从图中可以看出,当政府支出扩张时,GDP 持续性增加,在第 11 个季度达到顶点,长期影响可达 6 年之久。更重要的是,在财政冲击发生的同时,$M2$ 的增长率显著提高,在财政扩张的同期就提高 3%,进而在财政冲击后的第二个季度达到了提高 10% 的高点,并且维持扩张态势长达 1 年之久。这表明货币政策在财政政策扩张时,采取了宽松货币的协调配合的策略。同时,宽松的货币政策也带来了通货膨胀在短期内的提高,但冲击对通货膨胀的影响在两年之后逐渐消退为 0。金融机构贷款余额在财政冲击的第一年也呈现扩张态势,之后则逐渐收缩。为了进一步考察私人消费和私人投资的脉冲响应,同时保持 SVAR 模型有足够的自由度,我们借鉴 Ramey（2011a）的方法,采取在模型中每次替换一个变量的做法,考察所替换变量的脉冲响应。具体来说,我们将私人消费和投资分两次替换基准模型中的金融机构贷款余额,保持其余变量不变。从图 3-1 中可以看出,私人消费和投资都呈现正向脉冲响应,体现了财政支出的挤入效应。这一结果与文献中我国财政乘数大于 1 的实证结果相一致。

基于以上实证分析结论,结合 Woodford（2011）和 Galí（2019）的理论研究结果,本章认为货币政策对财政政策的协调配合是我国财政政策有效的重要因素。为了验证这一观点,本章在 DSGE 模型的货币政策规则中引入其对财政政策的反应,从而分析这一政策的协调配合对我国财政支出扩张效果的影响。

## (三) 中国财政支出结构的特点

分税制改革以来,中国财政支出结构呈现出如下 3 个现象:

第一,政府投资占政府总支出比重逐渐上升,非投资性政府支出占政府总支出比重逐渐下降,民生支出占总支出比重自 2012 年以来基本保持稳定。图 3-2 中列出了政府投资占政府总支出比重、非投资性政府支出占总

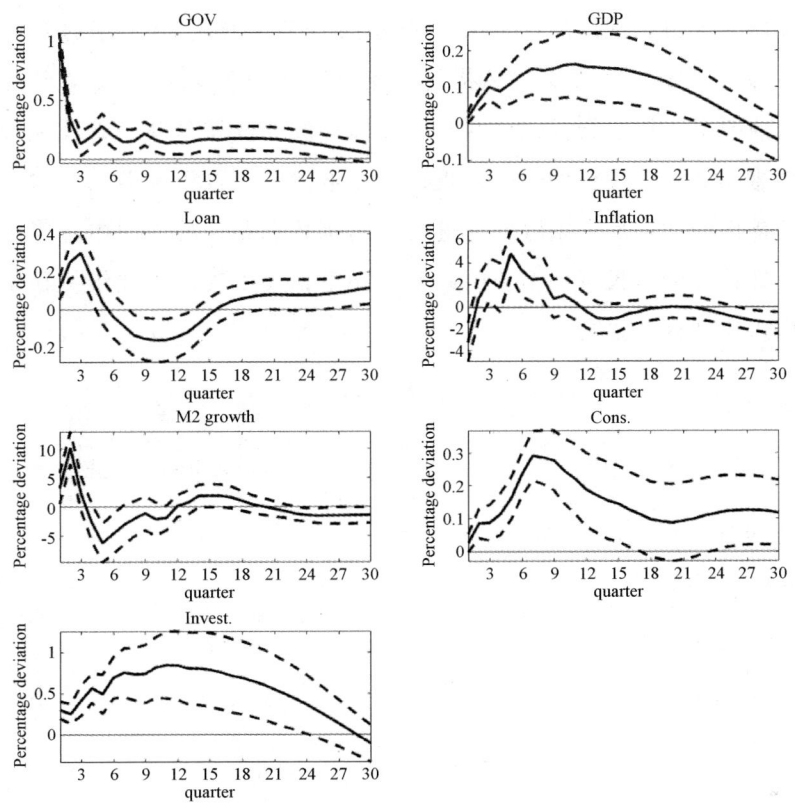

图 3-1 财政支出冲击的脉冲响应

支出比重和民生性政府支出占总支出比重。其中，政府投资使用 Chang 等（2016）中的政府固定资本形成数据，非投资性政府支出为政府总支出减去政府投资，本书将民生性政府支出定义为 CEIC 数据库中教育、卫生和社会保障 3 项支出合计。由于国家统计局在 2007 年前后改变了财政支出类别的分类方式，因此民生性政府支出的数据范围为 2009—2018 年，其余变量为 1992—2018 年。为了在后续研究中保持数据的连续性，本书用 Chang 等（2016）中的政府投资数据代替生产性政府支出。

从图 3-2 中可以看出，政府投资占总支出比重逐年上升，从 1992 年的 13% 上升到 2018 年的 30%，翻了近 2.5 倍。非投资性政府支出占总支出的比重从 87% 逐渐下降到 70%。以教育、卫生和社会保障为代表的民生性政府支出占总支出的比重从2009年的34%上升至2012年的42%，之后基本保持稳定。财政支出结构的变化反映了政府以投资拉动经济的思路，政府投资的增加会促进公共基础设施形成，依靠公共基础设施产生的外部性来提高企业投资的边际回报，从而增加私人投资和劳动需求。民生性政府支出的增加反映了政府促进民生的执政思路，随着国内外经济压力持续，在传统的以投资保增长的政策思路下，民生支出占比维持稳定，政府投资占比则继续提高。

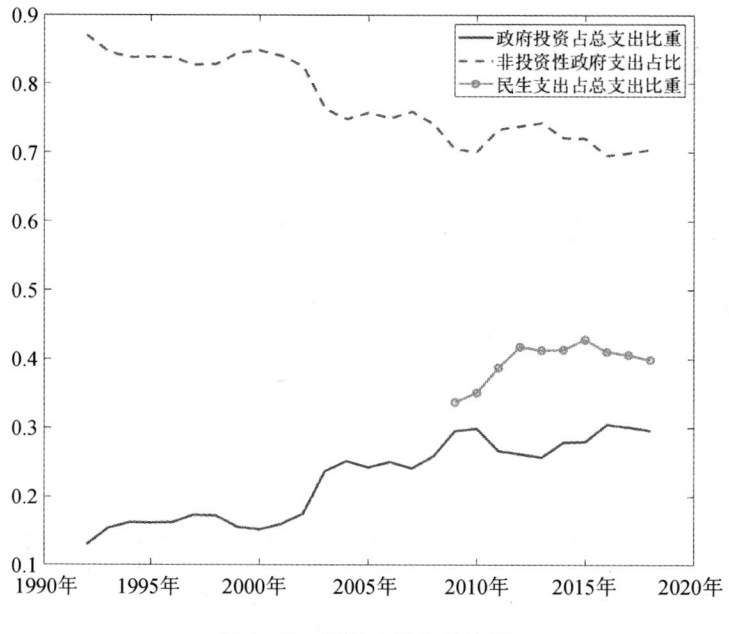

图3-2 财政支出结构变迁

资料来源：Chang等（2016）和CEIC数据库。

第二，私人投资增长率与政府投资增长率相关性较低，且近年来二者有所背离。政府投资的逐年上升是否能够有效促进私人部门的投资呢？对于这一问题，需要严谨的实证研究加以回答或者通过理论模型加以分析。在本节，本书先从简单的相关关系的角度进行初步考察。图3-3显示了自分税制改革以来，政府投资的实际增长率和私人部门投资实际增长率，其中，投资的实际值使用固定资本形成价格指数进行平减。从图中可以看出，政府投资实际增长率与私人投资实际增长率的相关性较弱，政府投资的增长并不意味着私人投资的增长，经过计算发现二者的相关性只有0.279。自2014年开始，在政府投资增长率提高的同时，私人投资的增长反而有所下降。这一现象与栗亮和刘元春（2014）以及贾俊雪（2017）的发现相一致，即以传统基建领域政府投资为主导的积极财政政策对经济拉动的作用有所减弱，原因在于公共基础设施的存量增大导致其增量的边际拉动作用降低。此外，政府投资也可以通过提高中间产品的价格这一渠道，增加私人部门的生产成本，从而抑制私人部门的投资（Boehm，2019）。

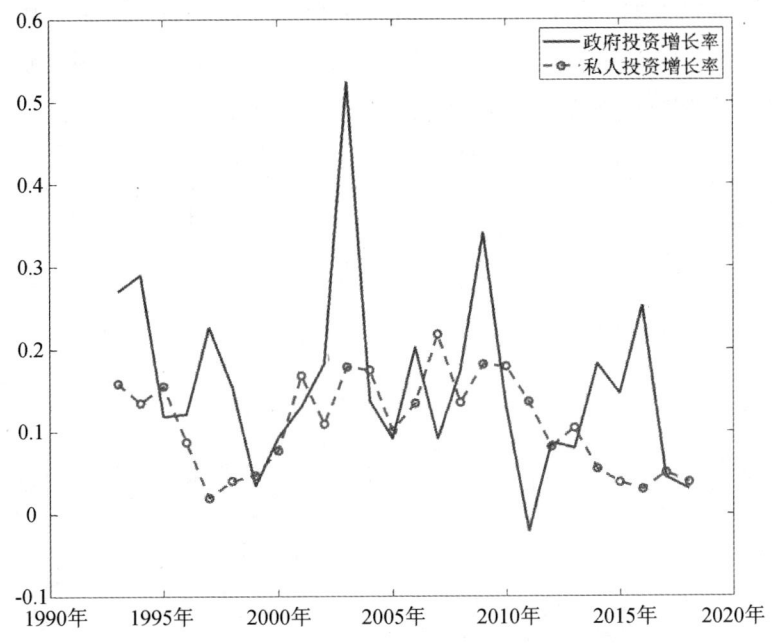

**图3-3 政府投资与私人投资实际增长率**

资料来源：Chang等（2016）和CEIC数据库。

第三，居民消费增长率与民生支出增长率呈正相关关系。民生支出直接关系着居民福利，那么民生支出增速放缓对居民消费的影响如何？图3-4显示了2010—2018年，以教育、卫生和社会保障为代表的民生支出实际增长率和居民消费的实际增长率。从图中可以看出，二者近10年间均呈现出下降的趋势,经过计算可得二者的相关性高达 0.853。虽然相关性并不意味着因果关系,但民生支出与居民消费实际增长率之间的高度相关关系,给本书以一定启示。即:民生支出是否可以通过某种渠道带动居民消费?一个可能的原因是民生支出与居民消费存在互补性,从而政府民生支出的提高能够提高居民消费的边际效应、促进居民消费。例如,甘犁等(2010)的研究发现,中国新型农村合作医疗保险和城镇职工医疗保险分别能够带动 2.36 倍农村居民消费和 4.16 倍的城镇家庭消费。白重恩等(2012)的研究得出,新型农村合作医疗保险使得家庭非医疗类支出增加了约 5.6 个百分点。毛捷和赵金冉(2017)发现,政府农村公共卫生支出的增加能够刺激农村居民非医疗消费的增长,并且不会减少农村居民的医疗消费。Shi(2012)运用中国农村教育改革事件研究发现,通过政府补贴降低学费,会使得受惠家庭增加对该学生的教育投入。

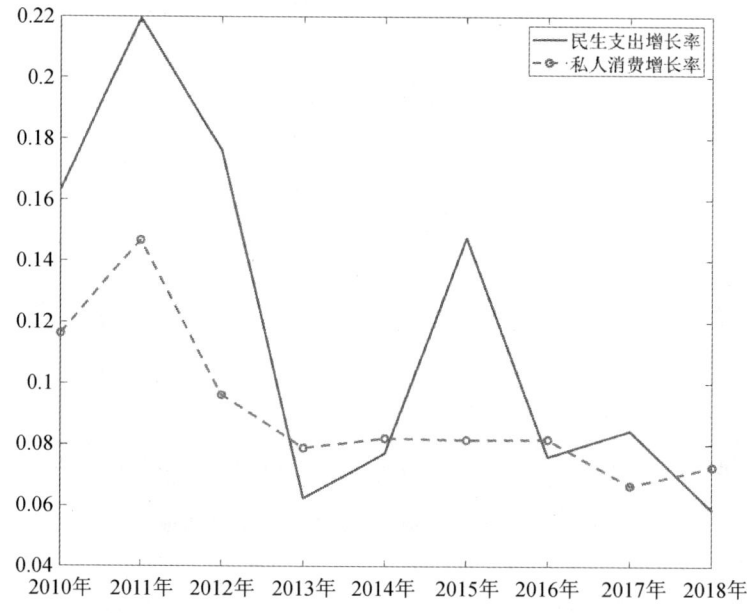

图 3-4　民生支出与居民消费增长率

资料来源:Chang 等(2016)和 CEIC 数据库。

总结上述 3 个特点,可以发现,中国自分税制改革以来,财政支出结构一直处于调整之中。政府投资的比重不断上升,非投资性政府支出的比重不断下降,民生支出占比在经历一段时间的上升后在近年来保持稳定。与之对应的是,私人投资实际增长率与政府投资实际增长率相关性不高,居民消费实际增长率与民生支出实际增长率高度相关。结合已有文献,传统基建领域的政府投资对经济的拉动作用可能逐渐减弱,民生支出对居民消费的带动作用依然强劲,因此,有必要对财政支出结构进行合理调整以优化财政政策的政策效果。基于上述发现,本章将通过构建动态随机一般均衡模型对不同类型的财政支出的传导机制加以详细探索,并且讨论货币政策协调下的不同财政支出类型的政策效果。

## 三、模型构建、参数赋值与估计

本书在 Bernanke 等(1999)的"金融加速器"模型的基础上引入两个生产部门:基建部门和非基建部门;为了讨论财政支出结构,本书引入不同类型的财政支出:政府消费支出、政府投资和民生支出;为了引入价格黏性,本书还对基建和非基建部门分别引入了各自的零售商。模型中主要包含7类经济主体:家庭、金融中介、基建部门、非基建部门、资本品生产者、零售商和政府。

家庭提供劳动并获得劳动收入,除了用于家庭消费和缴纳税收之外,家庭在金融中介进行储蓄并取得利息收入。金融中介从家庭部门获得存款,将其借贷给基建和非基建部门。由于信息不对称导致金融摩擦存在,金融中介会根据企业的净资产进行定价,并从中获得风险溢价收益。基建和非基建部门从金融中介获得贷款,结合自身的净资产,从资本生产者中购买资本,雇佣劳动,进行生产。基建部门的产品由政府购买,形成公共资本(公共基础设施),公共资本进入基建和非基建部门的生产函数中,提高企业的全要素生产率。非基建部门的产品可以用于居民消费、投资、政府消费和政府民生支出。资本品生产者从非基建部门购买产品,将其转化为资本品,向企业供给。垄断竞争的零售商从生产部门中的生产商处购买商品,将其分类形成差异后进行销售,并有着商品定价权。政府制定货币政策和财政政策,依据一定的政策规则行事。财政支出分为 3 类:政府投资、政府民生支出和政府消费。其中,政府投资采购于基建部门,政府民生支出和政府消费采购于非基建部门。政府投资最终转化为公共资本,进入两部门的企业生产函数中;政府民生支出以医疗、教育和社保为代表,按照前述文献中的发现(如甘犁等,2010;白重恩等,2012;毛捷和赵金冉,2017;Shi,2012),进入消费者效用函数中,与私人消费形成互补品;政府消费支出的主要构成为必要的行政支出,是政府在行政过程中需要消耗的社会资源。

## (一) 模型构建

### 1. 家庭部门

代表性家庭通过选择消费 $C_t$、劳动时长 $L_t$ 来最大化家庭的贴现的终身效用,效用函数表示为:

$$E_0 \sum_{t=1}^{\infty} \beta^t \left[ \frac{\tilde{C}_t^{1-\sigma}}{1-\sigma} + \log\left(\frac{M_{jt}}{P_t}\right) - \chi \frac{L_t^{1+\gamma}}{1+\gamma} \right]$$

其中,$\beta \in (0,1)$ 为贴现率,表示消费者的偏好;$\chi$ 刻画消费者闲暇的效用权重;$L_t$ 为家庭的劳动供给;$\gamma$ 为 Frisch 劳动供给弹性的逆;$\tilde{C}_t$ 为居民消费和政府民生支出的加总,并且满足:

$$\tilde{C}_t = \left[ \psi C_t^{\frac{v-1}{v}} + (1-\psi)(G_t^w)^{\frac{v-1}{v}} \right]^{\frac{v}{v-1}}$$

其中,$C_t$ 为居民私人消费;$G_t^w$ 为政府民生支出;$v \in (0,\infty)$,代表私人消费与政府民生支出之间的替代弹性,当 $v \to 0$ 时,私人消费与政府民生支出完全互补,当 $v \to \infty$ 时,二者完全替代;$\psi$ 为私人消费权重。在文献中,研究者通常笼统地假设政府的非投资性支出与私人消费呈互补性。然而,非投资性政府支出包含的范围较广,其中既有医疗、教育、社会保障等民生性支出,也包含了三公经费等政府消费支出。因此,笼统地假设所有非投资性政府支出都与居民的私人消费呈互补关系较为偏离实际。在本书中,本书根据实证研究的发现,假设民生支出与居民消费之间呈现互补

# 第三章 货币政策协调、财政支出结构与积极财政政策提质增效

性，引入理论模型中，对其在财政政策传导机制中的作用加以探索。

家庭需要满足预算约束条件：

$$C_t + \frac{M_t}{P_t} + \frac{D_t}{P_t} = \frac{W_t L_t}{P_t} + \frac{M_{t-1}}{P_t} + \frac{R_{t-1} D_{t-1}}{P_t} - T_t$$

其中，$D_t$ 为家庭名义储蓄，包括金融部门存款和政府债券；$M_t$ 为家庭持有的货币量；$P_t$ 为消费者价格指数，本书以消费者价格为计价单位；$W_t$ 为名义工资水平；$R_{t-1}$ 为无风险利率；$T_t$ 为家庭缴纳的实际一次性总赋税。

家庭部门的一阶条件为：

$$(\tilde{C}_t)^{\frac{1}{v}-\sigma} \psi C_t^{-\frac{1}{v}} = \lambda_t$$

$$\chi L_t^\gamma = \lambda_t \frac{W_t}{P_t}$$

$$\frac{\lambda_t}{R_t} = \beta E_t \left( \frac{\lambda_{t+1}}{\pi_{t+1}} \right)$$

其中，$\lambda_t$ 为家庭预算约束的拉格朗日乘子。

**2. 金融中介**

为了分析金融市场不完备在财政政策传导中的作用，尤其是资金在财政支出作用下，在不同部门之间的配置问题，本书在模型中引入风险中性的金融中介。家庭部门每期通过金融中介进行储蓄，获得无风险利率收益，金融中介将存款借贷给企业家。根据 Bernanke 等（1999）的设定，本书假设金融信贷市场存在信息不对称。企业的生产行为具有风险，企业利润不确定。当企业利润小于某一阈值时，企业将不会偿还贷款，此时需要金融中介支付一定清算成本来获得企业的部分剩余价值；反之，当企业利润超过这一阈值时，企业会偿还本息。企业偿还本息的阈值与其杠杆率有关，企业的自有资产越少，杠杆率越高，企业违约的可能性就越大。因此，为了弥补企业违约给金融中介带来的损失，杠杆率越高的企业的贷款成本就越高。参考 Bernanke 等（1999）以及 Christensen 和 Dib（2008），企业外部融资的成本 $E_t f_{t+1}^j$ 可以表示为：

$$E_t f_{t+1}^j = E_t \left[ S(\cdot) \frac{R_t}{\pi_{t+1}} \right]$$

其中，$j=i,n$ 分别代表基建和非基建部门，外部融资风险溢价 $S(\cdot) = S\left(\dfrac{n_{t+1}^j}{q_t K_{t+1}^j}\right)$，$S(1)=1$，$S'(\cdot)<0$，$E_t\left[\dfrac{R_t}{\pi_{t+1}}\right]$ 为实际利率的期望值，$\pi_{t+1}$ 为以消费者价格指数衡量的通货膨胀率，$n_{t+1}^j$ 为部门 $j$ 的企业家在第 $t$ 期末的资产净值，$q_t$ 为一单位资本的价格，$K_{t+1}^j$ 为企业家在第 $t$ 期购买的资本数量。$\dfrac{q_t K_{t+1}^j}{n_{t+1}^j}$ 代表 $j$ 部门企业杠杆率，$S'(\cdot)<0$ 表示外部融资的利率存在风险溢价，且杠杆率越高，外部融资的风险溢价越大。参考 Christensen 和 Dib （2008），将上式对数线性化后，可得 $\hat{f}_{t+1}^j = \hat{R}_t - \hat{\pi}_{t+1} + \psi^j(\hat{q}_t + \hat{k}_{t+1}^j - \hat{n}_{t+1}^j)$，其中 $\psi^j$ 为部门 $j$ 的风险溢价弹性，表示企业杠杆率变动 1 个百分比导致的风险溢价上升的百分比。在本书中，基建部门和非基建部门的风险溢价弹性可以不同，本书随后通过贝叶斯估计来确定不同部门的风险溢价弹性。

**3. 基建部门**

经济中存在风险中性的基建部门企业家，在 [0, 1] 中连续分布。本书假设基建部门的产出只卖给政府部门，用作政府投资，形成公共资本。基建部门企业家在 $t$ 期末从资本品生产者手中购买用于下一期生产的资本品 $K_{t+1}^i$，一单位资本品的价格为 $q_t$，从而企业家需要的资金总额为，$q_t K_{t+1}^i$。购买资本品的资金总额一部分来自企业家的资产净值 $n_{t+1}^i$，另一部分来自借贷 $q_t K_{t+1}^i - n_{t+1}^i$。在第 $t$ 期末进行决策时，企业家对资本的需求取决于第 $t+1$ 期资本的期望边际回报和期望边际融资成本 $E_t f_{t+1}^i$。从而可以得到：

$$E_t f_{t+1}^i = E_t\left[\dfrac{z_{t+1}^i + (1-\delta)q_{t+1}}{q_t}\right]$$

其中，$z_{t+1}^i$ 为第 $t+1$ 期基建部门资本的边际生产率，$\delta$ 为资本折旧率。上式等号右边表示基建部门在第 $t+1$ 期的资本边际回报率的期望，左边表示融资的期望边际成本，企业家的最优选择要求上述两者相等。

企业家还需要雇佣劳动 $L_t^i$ 进行生产。生产函数为：

$$Y_t^i = K_{p,t}^{\varphi}(K_t^i)^{\alpha^i}(A_t L_t^i)^{1-\alpha^i}$$

其中，$K_{p,t}$ 代表公共资本（公共基础设施）存量，$\alpha^i$ 为基建部门的资本份额，$\varphi$ 为公共资本产出弹性。$A_t$ 为劳动生产率的中性技术冲击，服从相应的 AR（1）过程。

$$\log(A_t) = (1 - \rho_A)\log(A) + \rho_A \log(A_{t-1}) + \varepsilon_t^a$$

其中，$\rho_A \in (0,1)$，$\varepsilon_t^a \sim N(0, \sigma_a)$。上述生产函数中，本书引入了公共资本，公共资本越多，企业生产率越高。公共资本的形成需要政府投资，并且本书假设政府投资品的来源为基建部门的产出。

基建部门的企业家处于一个完全竞争的市场，通过企业生产成本的最小化可得：

$$z_t^i = \alpha^i mc_t^i \frac{Y_t^i}{K_t^i} \frac{P_t^i}{P_t}$$

$$w_t = (1 - \alpha^i) mc_t^i \frac{Y_t^i}{L_t^i} \frac{P_t^i}{P_t}$$

其中，$mc_t^i$ 为基建部门企业的实际边际成本，$P_t^i$ 为基建部门产品价格，$w_t$ 为实际工资率，本书以消费者价格 $P_t$ 作为计价单位，因此资本的实际边际生产率和实际工资率均除以 $P_t$。

为了避免企业家积累过多净值，导致其不再依赖外部融资，本书按照文献中的做法，假设每一期均有 $1 - \vartheta$ 的企业家无法继续存活。因此，基建部门的企业家总净值的演化方程为：

$$n_{t+1}^i = \vartheta v_t^i + (1 - \vartheta) e_t^i$$

其中，$v_t^i = [f_t q_{t-1} K_t^i - E_{t-1} f_t (q_{t-1} K_t^i - n_t^i)]$ 代表存活企业家的资产净值减去上一期的借贷成本，$e_t^i$ 为新进入基建部门的企业家从死亡企业家处获得的初始资本。可以看到，企业家的资产净值受到资产价格和资本的边际收益率影响。当资产净值下降时，企业家的外部融资风险溢价上升，从而使得企业家在同样的借贷规模之下，需要偿还的利息更多。这就导致企业家的资产净值进一步下降，外部融资风险溢价进一步上升，从而产生了金融加速器效应。

**4. 非基建部门**

在本书的模型中，非基建部门的产品被用于居民消费、政府民生支出、政府消费和资本品生产部门的投资。基建部门的企业家也是风险中性，在 [0，1] 中连续分布。与基建部门的企业家类似，非基建部门企业家同样在 $t$ 期末从资本品生产者手中购买用于下一期生产的资本品 $K_{t+1}^n$。购买资本品的资金总额一部分来自企业家的资产净值 $n_{t+1}^n$，另一部分来自从金融中介处获得的借贷 $q_t K_{t+1}^n - n_{t+1}^n$。在第 $t$ 期末进行决策时，企业家对资本的需求取决于第 $t+1$ 期资本的期望边际回报和期望边际融资成本 $E_t f_{t+1}^n$。与基建部门类似，可以得到：

$$E_t f_{t+1}^n = E_t \left[ \frac{z_{t+1}^n + (1-\delta) q_{t+1}}{q_t} \right]$$

其中，$z_{t+1}^n$ 为第 $t+1$ 期非基建部门资本的边际生产率，$\delta$ 为资本折旧率。非基建部门企业家生产函数为：

$$Y_t^n = K_{p,t}^{\varphi} (K_t^n)^{\alpha^n} (A_t L_t^n)^{1-\alpha^n}$$

其中，$L_t^n$ 为非基建部门企业雇佣的劳动，$K_{p,t}$ 代表公共资本（公共基础设施存量），$\alpha^n$ 为非基建部门的资本份额。$A_t$ 为与基建部门相同的劳动生产率的中性技术冲击，服从相应的 AR（1）过程。

基建部门的企业家处于一个完全竞争的市场，通过企业生产成本的最小化可得：

$$z_t^n = \alpha^n mc_t^n \frac{Y_t^n}{K_t^n}$$

$$w_t = (1-\alpha^n) mc_t^n \frac{Y_t^n}{L_t^n}$$

其中，$mc_t^n$ 为非基建部门企业的实际边际成本；由于非基建部门和基建部门从同一个劳动力市场雇佣劳动，因此两个部门的工资率相同。为了避免非基建部门的企业家积累过高净值，本书同样假设每一期均有 $1-\vartheta$ 的企业家无法继续存活。因此，非基建部门的企业家总净值的演化方程为：

$$n_{t+1}^n = \vartheta v_t^n + (1-\vartheta) e_t^n$$

其中，$v_t^n = [f_t^n q_{t-1} K_t^n - E_{t-1} f_t^n (q_{t-1} K_t^n - n_t^n)]$ 代表存活企业家的资产净值减去上一期的借贷成本，$e_t^n$ 为新进入非基建部门的企业家从死亡企业家处获得的初始资本。非基建部门的企业家同样受到金融加速器的影响。

**5. 资本品生产者**

资本品生产者从非基建部门购买产品作为投资品 $i_t$，并将其转化为资本品，在转化过程中受到投资专有的技术冲击 $x_t$ 的影响。资本品生产者还受到资本调整成本的影响，其最优化问题为：

$$\max_{i_t} E_t [ q_t x_t i_t - i_t - \frac{\chi}{2} (\frac{i_t}{K_t} - \delta)^2 K_t ]$$

即，资本品生产者通过选择投资 $i_t$ 最大化其利润。由资本品生产者最优选择的一阶条件可得：

$$E_t [ q_t x_t - 1 - \chi(\frac{i_t}{K_t} - \delta) ] = 0$$

上式为标准的托宾 Q 等式，资本调整成本降低了投资波动，从而直接影响了资本品的价格。当资本调整成本为 0 且不考虑投资专有的技术冲击时，资本品的价格 $q_t = 1$。资本品价格的波动也对两个部门的企业家资产净值产生影响，从而也在冲击传导中有着重要的作用。值得一提的是，当某一部门（如基建部门）的资本需求增加，从而导致资本品的价格上涨时，另一部门（如非基建部门）由于受到资本成本上涨的影响，其资产净值会相应下降。由于金融加速器的存在，企业家净值的下降产生的影响会被放大，使得资产价格波动成为冲击跨部门传导的重要一环。

基建部门和非基建部门的总资本 $K_t$ 的演化方程为：

$$K_{t+1} = x_t i_t + (1 - \delta) K_t$$

投资专有的技术冲击服从 AR（1）过程：

$$\log(x_t) = \rho_x \log(X_{t-1}) + \varepsilon_t^x$$

其中，$\rho_x \in (0,1)$，$\varepsilon_t^x \sim N(0, \sigma_x)$。

**6. 零售部门**

为了产生价格黏性，本书在模型中引入对应基建和非基建部门的零售部门，每个零售部门中均匀分布着零售商 $s \in [0,1]$。零售商从完全竞争的企业家手中以边际成本的价格批发产品，随后无成本地将产品进行差异化，再通过一个垄断竞争的市场卖给最终消费者。参考 Calvo（1983），本书假设每个零售商在每一期有 $\omega^j$ 的概率无法调整价格，部门 $j$ 对应的零售商 $s$ 的利润最大化问题如下：

$$\max_{p_t^j(s)} E_0 \left[ \sum_{h=0}^{\infty} (\beta \omega^j)^h \lambda_{t+h} \prod_{t+h}^{j}(s) / P_{t+h} \right]$$

满足下述需求函数：

$$y_{t+h}^j(s) = \left( \frac{\tilde{p}_t^j(s)}{p_{t+h}^j} \right)^{-\theta} y_{t+h}^j$$

其中，$\prod_{t+h}^{j}(s) = (\tilde{p}_t^j(s) - P_{t+h} mc_{t+h}^j) y_{t+h}^j(s)$，代表部门 $j$ 的零售商利润，$\tilde{p}_t^j(s)$ 代表最优价格选择，$\theta$ 为不同中间品之间的替代弹性。零售商定价的一阶条件为：

$$\tilde{p}_t^j(s) = \frac{\theta}{\theta - 1} \frac{E_t \sum_{h=0}^{\infty} (\beta \omega^j)^h \lambda_{t+h} y_{t+h}^j(s) mc_{t+h}^j (P_{t+h}^j)^{\theta}}{E_t \sum_{h=0}^{\infty} (\beta \omega^j)^h \lambda_{t+h} y_{t+h}^j(s) (P_{t+h}^j)^{\theta} / P_{t+h}}$$

部门 $j$ 的总体价格演化方程为：

$$(p_t^j)^{1-\theta} = \omega^j (p_{t-1}^j)^{1-\theta} + (1 - \omega^j) (\tilde{p}_t^j)^{1-\theta}$$

上述两个方程经过对数线性化，分别得到两部门的新凯恩斯菲利普斯曲线：

$$\hat{\pi}_t = \beta E_t \hat{\pi}_{t+1} + \frac{(1 - \beta \omega^n)(1 - \omega^n)}{\omega^n} m\hat{c}_t^n$$

$$\hat{\pi}_t^i = \beta E_t \hat{\pi}_{t+1}^i + \frac{(1 - \beta \omega^i)(1 - \omega^i)}{\omega^i} (m\hat{c}_t^i - \hat{p}_t^i)$$

上述两式中，本书已经把变量表达成其相对稳态的对数偏离值，例如，$\hat{\pi}_t = \log(\pi_t / \pi)$ 为非基建部门的通货膨胀率相对稳态的对数偏离，$\hat{p}_t^i$ 为基建部门产品相对非基建部门产品的相对价格对稳态的偏离。零售部门终身利润最大化以消费者价格指数计价，因此基建部门的新凯恩斯菲利普斯曲线需要经过价格调整。

### 7. 政府

文献中对我国货币政策是使用价格型还是数量型，抑或是混合型规则来刻画有所讨论。在本章中，由于我们使用的数据为 1995—2018 年，在这一阶段中的大部分时期，中国货币政策以数量型政策为主，正逐步向价格型政策转型。基于此，本章选择货币供应量作为政策变量，设名义货币供应量的增长率 $\chi_t \equiv M_t / M_{t-1} = (m_t / m_{t-1}) \times \pi_t$ 为政策工具，满足政策规则：

$$\frac{\chi_t}{\overline{\chi}} = \left(\frac{\chi_{t-1}}{\overline{\chi}}\right)^{\rho_\chi} \left[\left(\frac{\pi_t}{\overline{\pi}}\right)^{-\gamma_\pi^\chi} \left(\frac{y_t}{\overline{y}}\right)^{-\gamma_y^\chi} \left(\frac{g_t}{\overline{g}}\right)^{\gamma_g^\chi}\right]^{1-\rho_\chi} \cdot \exp(\varepsilon_t^\chi)$$

在这一数量型货币政策规则中，名义货币供应量的增长率除了受到传统的通货膨胀和总产出的影响，还受到了财政支出的直接影响。根据本书的实证研究结论，在财政支出扩张时，我国货币当局采取了协调配合的态势，表现为扩大货币供给。本书将货币政策规则进行合理化改进，从而将这一实证发现引入模型之中，以分析货币政策的协调配合对财政政策效果的影响。上述货币政策规则中，$\gamma_\pi^\chi$、$\gamma_y^\chi$、$\gamma_g^\chi$ 分别衡量了货币政策对通货膨胀、总产出和财政支出变动的反应程度。通过下文对参数 $\gamma_g^\chi$ 的估计，我们可以得到我国货币政策对财政政策的配合程度。此外，$\rho_\chi$、$\varepsilon_t^\chi \sim i.i.d. N(0, \sigma_\chi^2)$ 分别表示货币政策持续性和货币政策冲击，$\overline{\chi}$、$\overline{\pi}$、$\overline{y}$ 分别表示名义货币供应量增长率，通货膨胀率和实际 GDP 的稳态值。

财政政策方面，政府的预算约束满足：

$$\frac{B_t}{P_t} + T_t = G_t + \frac{R_{t-1} B_{t-1}}{P_t}$$

其中，$G_t$ 表示实际政府总支出，$B_t$ 表示名义政府债务，$T_t$ 为实际一次性总赋税。本书将政府支出分为 3 类：政府投资、民生支出和消费性政府支出。因此，有如下等式：

$$G_t = G_t^c + G_t^w + G_t^i \frac{P_t^i}{P_t}$$

即，实际政府总支出等于政府消费支出 $G_t^c$、民生支出 $G_t^w$，以及政府投资支出 $G_t^i \frac{P_t^i}{P_t}$ 之和。由于政府投资采购于基建部门，本书利用价格指数进行了调整。

根据 Gali 等（2007），本书设定一次性总赋税根据政府债券实际余额和当期的政府总支出的变化做出调整，一次性总赋税的政策规则表示如下：

$$T_t = \varphi_b \frac{B_{t-1}}{P_{t-1}} + \varphi_g \frac{G_t}{G}$$

其中，$G$ 表示政府总支出的稳态值，$\varphi_b$ 表示一次性总赋税对政府债务余额（滞后一期）的反应，$\varphi_g$ 表示一次性总赋税对政府总支出的反应。此式表明，政府支出增加时，政府相应的提高一次性总赋税对支出增量进行部分融资，剩余部门则通过发行政府债券进行融资。

政府投资形成公共资本，公共资本的演进方程为：

$$K_{p,t+1} = G_t^i + (1 - \delta^p) K_{p,t}$$

其中，$\delta^p$ 为公共资本折旧率。

每一种类型的财政支出均受到各自的外生冲击影响，并且服从如下规则：

$$\frac{G_t^c}{G^c} = \left(\frac{G_{t-1}^c}{G^c}\right)^{\rho_{gc}} \cdot \exp(\varepsilon_t^{gc})$$

$$\frac{G_t^w}{G^w} = \left(\frac{G_{t-1}^w}{G^w}\right)^{\rho_{gw}} \cdot \exp(\varepsilon_t^{gw})$$

$$\frac{G_t^i}{G^i} = \left(\frac{G_{t-1}^i}{G^i}\right)^{\rho_{gi}} \cdot \exp(\varepsilon_t^{gi})$$

其中，$G^c$、$G^w$ 和 $G^i$ 分别代表实际政府消费性支出、民生支出和政府投资的稳态；$\varepsilon_t^{gc} \sim N(0, \sigma_{gc})$，$\varepsilon_t^{gw} \sim N(0, \sigma_{gw})$ 和 $\varepsilon_t^{gi} \sim N(0, \sigma_{gi})$ 分别代表3种类型财政支出冲击；$\rho_{gj}, j = c, w, i$ 反映了政府支出冲击影响的持续性，$\rho_{gj}$ 越大，表示外生政府支出冲击的影响越持久。在第四部分，本书将就每一类型的财政支出冲击的传导机制进行详细分析。

### 8. 市场出清

一般均衡时，模型经济中的非基建产品市场、基建产品市场、劳动力市场、资本市场、信贷市场同时实现出清。

劳动力市场：

$$L_t = L_t^i + L_t^n$$

上式中,劳动供给等于基建部门和非基建部门的劳动需求总和。

资本市场:

$$K_t = K_t^i + K_t^n$$

上式中,私人部门的总资本等于基建部门和非基建部门的资本总和。

信贷市场:

$$\frac{D_t}{P_t} = \frac{B_t}{P_t} + (q_t K_{t+1}^i - n_{t+1}^i) + (q_t K_{t+1}^n - n_{t+1}^n)$$

上式中,家庭储蓄等于政府债务与两个部门的借贷之和。

非基建部门产品出清,非基建部门的产品被用作居民消费、政府消费和民生支出,资本品生产者的投资。因此,有:

$$Y_t^n = C_t + G_t^c + G_t^w + i_t$$

基建部门产品出清,基建部门的产品被用作政府投资,有:

$$Y_t^i = G_t^i$$

实际 GDP 由基建和非基建部门的产出组成:

$$GDP_t = Y_t^n + Y_t^i \frac{P_t^i}{P_t}$$

### (二) 参数赋值、校准与贝叶斯估计

本书将上述模型通过在稳态附近对数线性化的方式进行求解。根据模型参数的性质和分析的需要,本书将参数分成三类:(1) 对于标准的参数,本书借鉴文献,尤其是研究中国经济的文献进行赋值;(2) 对于模型中的稳态值,如消费占总产出的比重、基建部门产出在整个 GDP 中比重等指标,本书利用近几年中国的宏观数据进行校准;(3) 对于其他参数,如货币和财政政策规则和涉及冲击的参数,本书使用贝叶斯方法进行估计。

**1. 参数赋值**

本书将折现因子 $\beta$ 的值设定在 0.99,符合大多数文献的设定,如梅冬

州等（2018）以及 Li 和 Liu（2017）中的 0.99，王曦等（2017）中的 0.993；参考卞志村和杨源源（2016），消费跨期替代弹性的倒数 $\sigma = 2$，劳动供给弹性的倒数 $\gamma$ 设定为 1.5；参考 Bouakez 和 Rebei（2007），私人消费权重 $\psi$ 设定为 0.8；参考前文文献综述中所列举的实证研究结论，中国民生支出与私人消费之间具有互补性（甘犁等，2010；白重恩等，2012；毛捷和赵金冉，2017；Shi，2012；李广众，2005），结合 Bouakez 和 Rebei（2007），本书将私人消费与政府民生支出的替代弹性 $v$ 设定为 0.25；已有文献中认为，私人资本相对于公共资本具有较高的折旧率，参照卞志村等（2019），本书将私人资本折旧率设为 0.025，将公共资本折旧率设为 0.0125，即私人资本和公共资本的年化折旧率分别为 10% 和 5%；依照 Chang 等（2016）的估计，本书分别设定基建和非基建部门资本要素份额为 $\alpha^i = 0.60$ 和 $\alpha^n = 0.32$；参考卞志村等（2019），公共资本产出弹性设定为 0.16；资本调整成本相关参数，本书按照袁申国等（2011）的估计值，设定为 0.5882；参考王文甫（2010），零售商差异化后的产品替代弹性设为 10；参照郭新强和胡永刚（2012）以及贺聪等（2013）的估计，非基建部门零售商每期不能调整价格的概率为 $\omega = 0.75$，即每期有 1/4 的企业可以调整价格；由于基建部门的产品仅向政府部门供给，政府具有较高的议价能力，且有保持价格稳定的动机，本书假设基建部门拥有更高的价格黏性，其零售商每期不能调整价格的概率为 0.9；本书按照袁申国等（2011）将企业家存活概率设定为 0.9728；考虑到基建部门国有企业占比较大，Song 等（2011）的研究表明，该类企业能够相对容易地获得金融中介贷款，因此，本书将基建部门和非基建部门企业家的资本与净值比参考国有企业和非国有企业的情况，分别设定为 3.5 和 2.5。

**2. 参数校准**

除了标准参数，本书还涉及一些稳态值需要通过使用实际数据进行校准。使用 Chang 等（2016）中的数据，得到稳态时居民消费、居民投资和政府总支出占 GDP 的比重分别为 0.443、0.373、0.184；进一步，政府投资占 GDP 比重为 0.043。由于数据所限，本书使用 CEIC 数据库，计算得到 2009—2018 年度政府教育、医疗和社保支出占政府总支出的比重为 0.32。参考卞志村等（2019）的计算，稳态时政府债券托管余额占 GDP 比重为 0.226。稳态的通货膨胀率在本书中设定为 0.005，即年化 2% 的通货膨胀水平。

**3. 参数贝叶斯估计**

对于模型剩余参数，以货币与财政政策相关参数为主，本书使用贝叶斯方法进行估计。在估计过程中，本书使用了 6 个观测变量，分别为实际 GDP（$\hat{y}_t$）、实际私人总投资（$\hat{I}_t$）、通货膨胀率（$\hat{\pi}_t$）、实际政府总支出（$\hat{g}_t$）、实际政府投资（$\hat{g}_t^i$）和名义利率（$\hat{r}_t$），资料来源为 Chang 等（2016），时间跨度从 1995 年第一季度到 2018 年第四季度。其中，通货膨胀率由消费者价格指数计算得出；实际 GDP 由名义 GDP 除以 GDP 平减指数得到；实际私人总投资首先由名义固定资本形成总额减去政府固定资本形成总额，再除以固定资本投资价格指数得到；实际政府投资由政府固定资本形成总额除以固定资本投资价格指数计算得出；实际政府总支出为实际政府消费加实际政府固定资本形成总额；名义利率采用 7 天逆回购利率。各个变量均进行过季节性调整、取对数和去趋势（HP 滤波）处理，最终得到周期性成分。

接下来，本书给出待估参数的先验分布。货币政策规则中，设定名义利率对通胀的反应系数的先验分布 $\gamma_\pi$ 服从均值为 1.5、标准差为 0.15 的正态分布，产出缺口反应系数 $\gamma_y$ 服从均值为 0.25、标准差为 0.05 的贝塔分布，对财政支出的反应系数 $\gamma_g$ 服从均值为 0.2、标准差为 0.05 的正态分布。财政政策规则中，本书参考 Li 和 Liu（2017）以及卞志村等（2019），将 3 种类型的政府支出的自回归系数 $\rho_{gc}$、$\rho_{gw}$ 和 $\rho_{gi}$ 的先验分布设定为均值为 0.5、标准差为 0.2 的贝塔分布；一次性总赋税的政策规则中，设定税收对国债的反应系数 $\varphi_b$ 服从均值为 0.33、标准差为 0.01 的贝塔分布，对政府总支出的反应系数 $\varphi_g$ 服从均值为 0.26、标准差为 0.01 的贝塔分布。由于基建部门中的国有企业占比较高，本书根据国有企业和非国有企业的外部融资风险溢价，设定基建部门和非基建部门在稳态时的风险溢价均值的先验分布分别为 0.015 和 0.0375，标准差为 0.01 的逆伽马分布；设定两个部门贷款需求对风险溢价弹性 $\psi$ 的先验分布为均值为 0.04，标准差为 0.01 的贝塔分布。参照林东杰等（2019），本书设定技术冲击和投资专有的技术冲击的自回归系数的先验分布为均值 0.7，标准差为 0.2 的贝塔分布，货币政策规则的一阶自回归系数的先验分布为均值 0.4，标准差为 0.15 的贝塔分布。按照大多数文献的做法，本书对模型中的 6 个冲击（包括技术冲击、投资专有的技术冲击、货币政策冲击、政府投资冲击、政府消费冲击、政府民生支出冲击）的标准差的先验分布均设定为均值 0.01，标准差 2.0 的逆伽马分布。

表 3-1 给出了待估参数的先验分布和后验分布，本书的大部分参数估计结果与文献中的结果类似，且后验分布与先验分布均有显著差异，表明参数得到了较好的识别。其中，名义利率对通胀的反应系数大于 1，符合一般均衡唯一性的要求。从 $\gamma_g$ 的后验分布来看，货币政策的确对财政支出有着协调配合的反应。

表 3-1　　　　　模型中参数贝叶斯估计结果

| 参数 | 先验分布 | | | 后验分布 | | |
| --- | --- | --- | --- | --- | --- | --- |
| | 分布类型 | 均值 | 标准差 | 均值 | 众数 | 标准差 |
| $\gamma_\pi$ | normal | 1.5 | 0.15 | 1.1086 | 1.1188 | 0.0966 |
| $\gamma_y$ | beta | 0.25 | 0.05 | 0.5221 | 0.5237 | 0.0193 |
| $\gamma_g$ | normal | 0.2 | 0.05 | 0.1819 | 0.1830 | 0.0321 |
| $\rho_{gc}$ | beta | 0.5 | 0.2 | 0.4842 | 0.4774 | 0.0523 |
| $\rho_{gi}$ | beta | 0.5 | 0.2 | 0.8580 | 0.8601 | 0.0464 |
| $\rho_{gw}$ | beta | 0.5 | 0.2 | 0.6493 | 0.6517 | 0.0546 |
| $\rho_a$ | beta | 0.7 | 0.2 | 0.2731 | 0.2711 | 0.0946 |
| $\rho_x$ | beta | 0.7 | 0.2 | 0.7673 | 0.7642 | 0.0465 |
| $\rho_\chi$ | beta | 0.4 | 0.15 | 0.0900 | 0.0880 | 0.0328 |
| $\varphi_b$ | beta | 0.33 | 0.01 | 0.3370 | 0.3372 | 0.0040 |
| $\varphi_g$ | beta | 0.26 | 0.01 | 0.2581 | 0.2579 | 0.0083 |
| $S_n$ | beta | 0.0375 | 0.01 | 0.0416 | 0.0415 | 0.0013 |

续表

| 参数 | 先验分布 | | | 后验分布 | | |
|---|---|---|---|---|---|---|
| | 分布类型 | 均值 | 标准差 | 均值 | 众数 | 标准差 |
| $S_i$ | beta | 0.015 | 0.01 | 0.0112 | 0.0098 | 0.0080 |
| $\psi^n$ | beta | 0.04 | 0.01 | 0.0506 | 0.0495 | 0.0032 |
| $\psi^i$ | beta | 0.04 | 0.01 | 0.0315 | 0.0318 | 0.0080 |
| $\sigma_a$ | inv_gamma | 0.01 | 2.0 | 0.0291 | 0.0287 | 0.0022 |
| $\sigma_x$ | inv_gamma | 0.01 | 2.0 | 0.0303 | 0.0301 | 0.0031 |
| $\sigma_r$ | inv_gamma | 0.01 | 2.0 | 0.0681 | 0.0677 | 0.0051 |
| $\sigma_{gc}$ | inv_gamma | 0.01 | 2.0 | 0.0550 | 0.0551 | 0.0041 |
| $\sigma_{gi}$ | inv_gamma | 0.01 | 2.0 | 0.0384 | 0.0381 | 0.0028 |
| $\sigma_{gw}$ | inv_gamma | 0.01 | 2.0 | 0.0458 | 0.0457 | 0.0035 |

## 四、财政支出扩张的经济效果和传导机制

经过参数赋值和贝叶斯估计后，本书首先考察不同类型的政府支出冲击对宏观经济变量的影响和传导机制。为了便于比较，本书将3种政府支出类型的初始冲击大小均调整为各自稳态值的1%。

### （一）政府消费冲击

本节首先考察政府消费冲击。政府消费性支出是政府在行政中需要支付的成本，包括三公经费等，其既不进入消费者的效用函数，也不进入生产者的生产函数，在文献中通常被描述为政府消耗掉的经济产出，是最基本的政府支出类型。

图3-5和图3-6给出了政府消费冲击的脉冲响应函数。从图3-5中可以看出，政府消费的增加带来的是总产出和劳动时间的增加，私人消费呈现负的脉冲响应。通货膨胀短期内提高，但由于货币政策对财政政策的协调机制，名义利率在政府支出扩张时有所下降。从财富效应的角度来说，政府支出的增加会带来税收的提高，从而产生负的财富效应，使得居

民部门的消费下降，劳动供给提高。

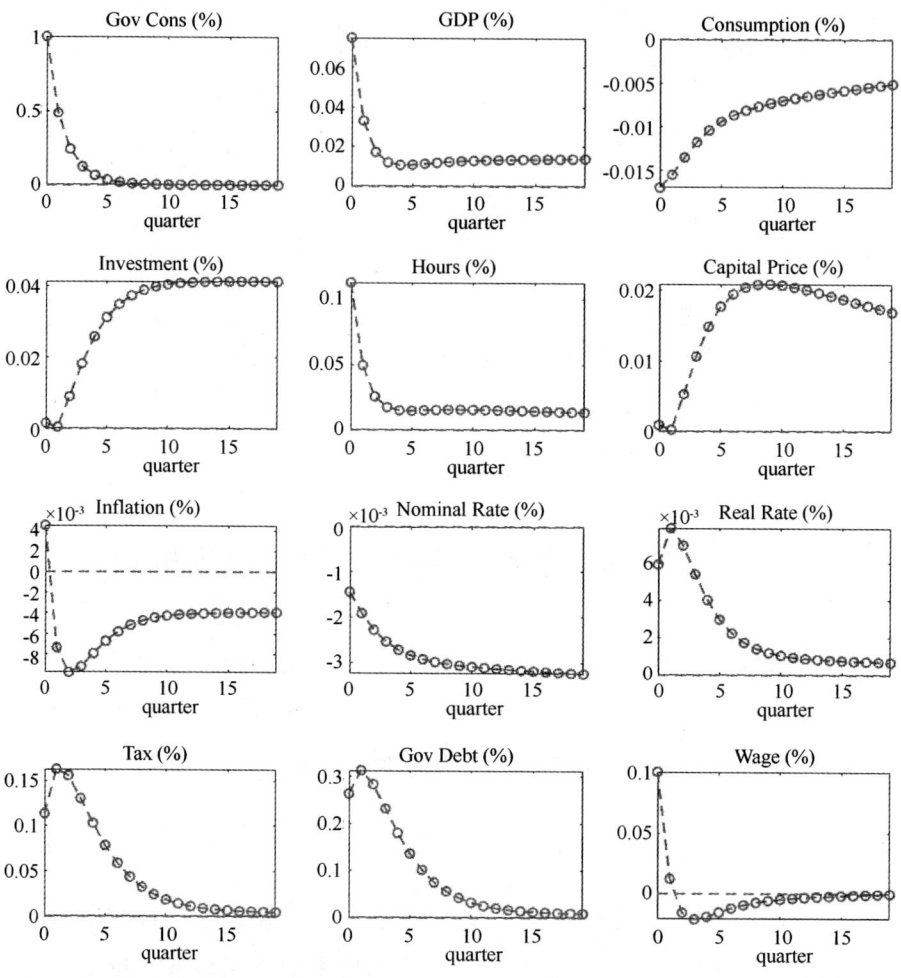

图 3-5　宏观经济变量对政府消费冲击的脉冲响应

除了传统的财富效应的挤出效果，实际利率的提高通过金融加速器进一步影响了政府消费冲击的作用效果。图 3-6 显示，企业净值上升，外部融资的风险溢价随之下降，非基建部门的投资上升，资本价格相应上涨。值得一提的是，由于政府消费冲击提高了非基建部门的需求，抵消了对非基建部门的部分负面影响，使得其企业净值的上升幅度和风险溢价的下降幅度大于基建部门。由于基建部门的需求完全来自政府部门，在政府投资

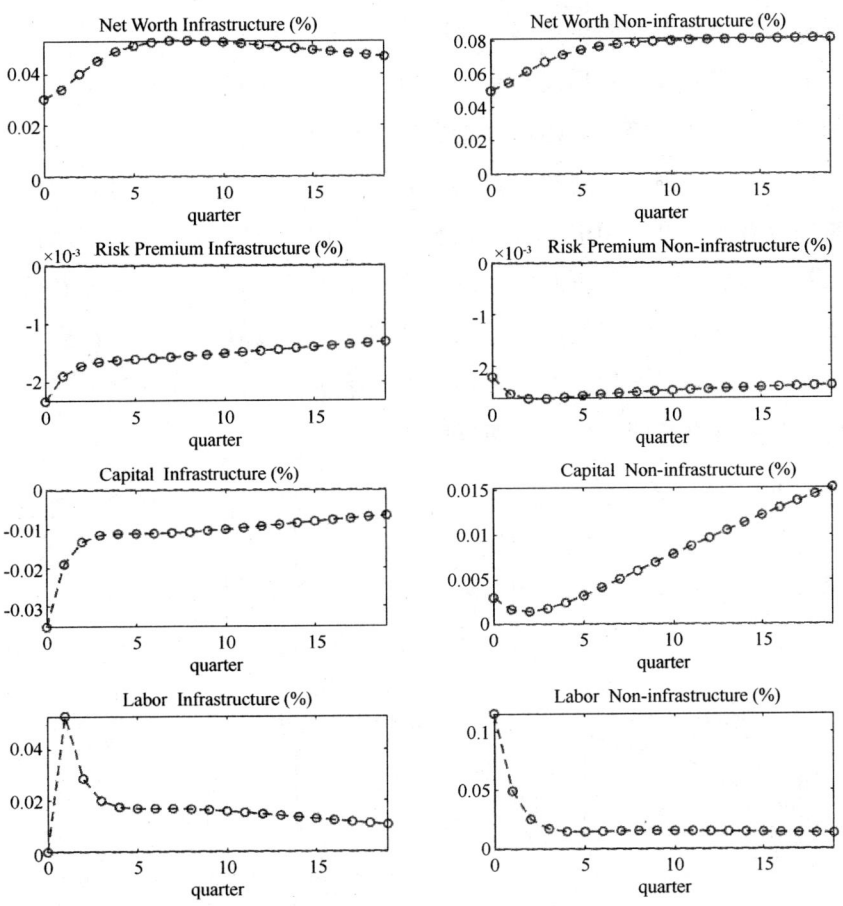

图3-6 基建和非基建部门对政府消费冲击的脉冲响应

保持不变的情况下,其需求量不变。因此,基建部门受到的影响主要来自非基建部门对通货膨胀和实际利率的影响,这一影响通过金融加速器传导到基建部门,使其减少投资,加大劳动的使用。

计算财政乘数可知,政府消费性支出的产出乘数在冲击当期为0.62,5年期乘数为0.51。从上述分析来看,依靠政府消费性支出的扩张,并不能够有效地刺激经济,尤其是不能刺激居民消费。

(二) 政府投资冲击

与政府消费支出不同,政府投资通过转化为公共资本,作用于企业生产函数中,提高企业的生产率。从图3-7可以看出,政府投资冲击带来的负的财富效应同样导致居民消费和投资在短期内下降。然而,随着公共资本的形成,企业投资的边际回报上升,使得企业净值上升,外部融资的风险溢价下降,增强了企业投资意愿(图3-8),私人投资回升,居民消费在长期也有所上升,GDP也显示出较为长期的上升。从基建部门来看,由于需求的增加,劳动需求和资本需求均有所上升,抬高了资本品和劳动的价格,这一结果与王国静和田国强(2014)中的发现相一致。高企的投资需求使得基建部门的外部融资增加,抵消了企业净值提高的部分影响,使基建部门的融资风险溢价在初期有所上升。

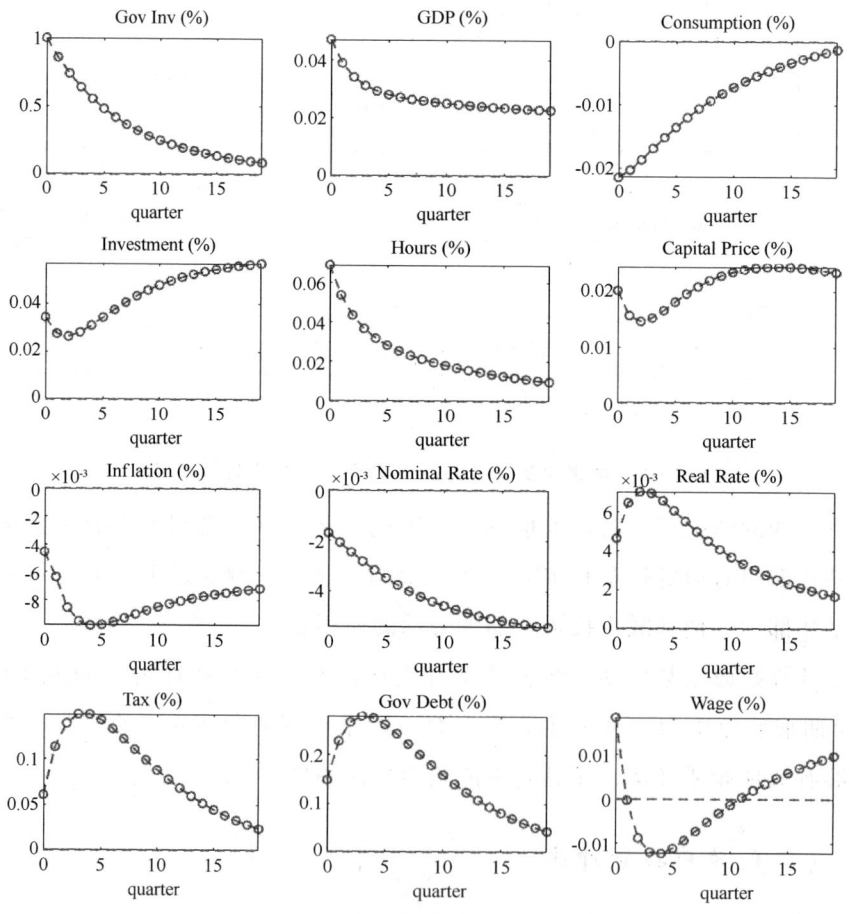

图3-7 宏观经济变量对政府投资冲击的脉冲响应

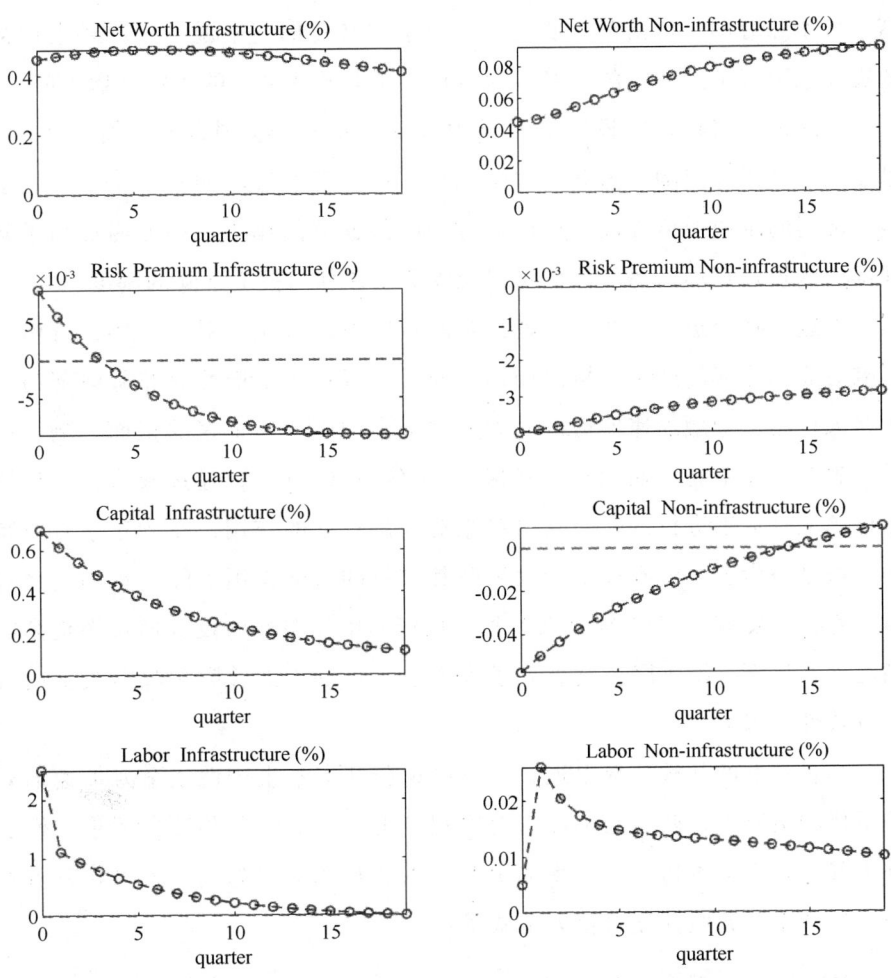

**图 3-8　基建和非基建部门对政府投资冲击的脉冲响应**

虽然没有直接提高非基建部门的需求，但是政府投资冲击对非基建部门也有着间接影响。从短期影响来看，负向财富效应导致居民部门的消费下降，非基建部门的需求减少，导致该部门的投资下降。随着公共资本形成的增加，非基建部门企业投资的边际回报上升，企业资产净值上升，外部融资溢价降低，投资逐渐恢复。在本书的模型中，除了政府投资的生产效应，政府投资冲击还通过改变生产要素的价格的方式，间接地影响非基建部门。从图 3-7 中可以看出，由于基建部门对资本品和劳动力需求的提高，资本和劳动的价格都有所上升。对于非基建部门来说，生产要素价格的提高意味着生产成本的上升，这就加剧了非基建部门的投资意愿下降。

金融加速器在政府投资的传导中起到了正向的促进作用，原因在于，基建和非基建部门随着公共资本增加带来的投资的边际回报上升，导致了两个部门的企业净值提高，进而通过金融加速器的作用，一方面加强了基建部门的投资意愿，另一方面可以减少非基建部门投资下降的幅度。

上述几种渠道中，政府投资扩张的负向财富效应和对生产要素价格的影响对非基建部门产生了挤出作用，而公共资本的生产性对非基建部门产生挤入作用，金融加速器可以放大公共资本的生产性带来的正面影响。有研究表明，如栗亮和刘元春（2014）、贾俊雪（2017），通过政府扩大传统基建领域投资来进行的财政支出扩张对经济拉动的作用，在近年来有所减弱，这是因为公共资本存量变大导致其增量的边际作用下降。本书的经验事实部分也发现，2014年以来，私人投资的增长在政府投资增长率提高的情况下，反而有所下降。这就要求本书进一步剖析能够影响政府投资的政策有效性的因素。

结合本书的几种传导渠道，本书讨论公共资本生产性或金融加速器效应下降的情况下，政府投资冲击对宏观经济的影响。公共资本的生产性表现为其对私人资本边际生产率的提升，以非基建部门为例，本书将其资本边际生产率对数线性化可得如下式子：

$$MPK_t^n = \varphi(\delta^p \hat{g}_t^i + (1-\delta^p)\hat{k}_{p,t-1}) + (\alpha^n - 1)\hat{k}_t^n + (1-\alpha^n)(\hat{l}_t^n + \hat{a}_t)$$

从上式可以看出，新增政府投资 $\hat{g}_t^i$ 对公共资本的生产性的边际影响取决于两个方面，一方面是公共资本的生产性本身的大小，其受到参数 $\varphi$ 的影响；另一方面是公共资本的折旧率 $\delta^p$，如果折旧率较低，公共资本的动态变化主要受到上一期资本存量 $\hat{k}_{p,t-1}$ 影响，而当期新增政府投资 $\hat{g}_t^i$ 对公共资本的影响较小，从而其对公共资本整体的生产性的边际作用也较小。

(三) 民生支出冲击

政府民生支出进入到家庭的效用函数中，与居民消费互补，这一特性使得政府民生支出增加时，居民消费的边际效用提高，因而可以挤入居民消费（李广众，2005；Bouakez 和 Rebei，2007；Pappa，2009；Fève 等，2013；王国静和田国强，2014）。图3-9和图3-10展示了政府民生支出冲击产生的脉冲响应函数。从图3-9中可以看出，随着民生支出的扩张，总产出和居民消费都呈现正的脉冲响应。在政府支出扩张的情况下，税收增加导致的负的财富效应依然存在，反映为劳动供给的增加。由于民生支出与居民消费的互补性，居民消费边际效用的提高产生的作用占据主导，抵消了负向财富效应的影响。

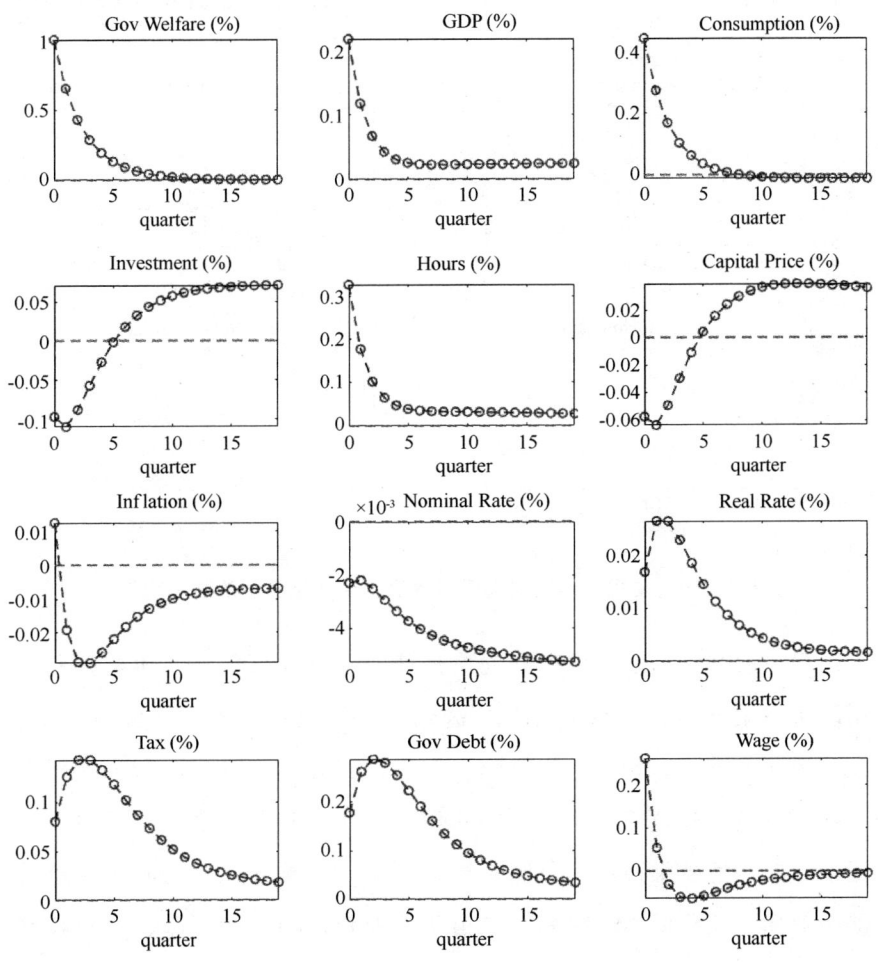

图3-9　宏观经济变量对政府民生支出冲击的脉冲响应

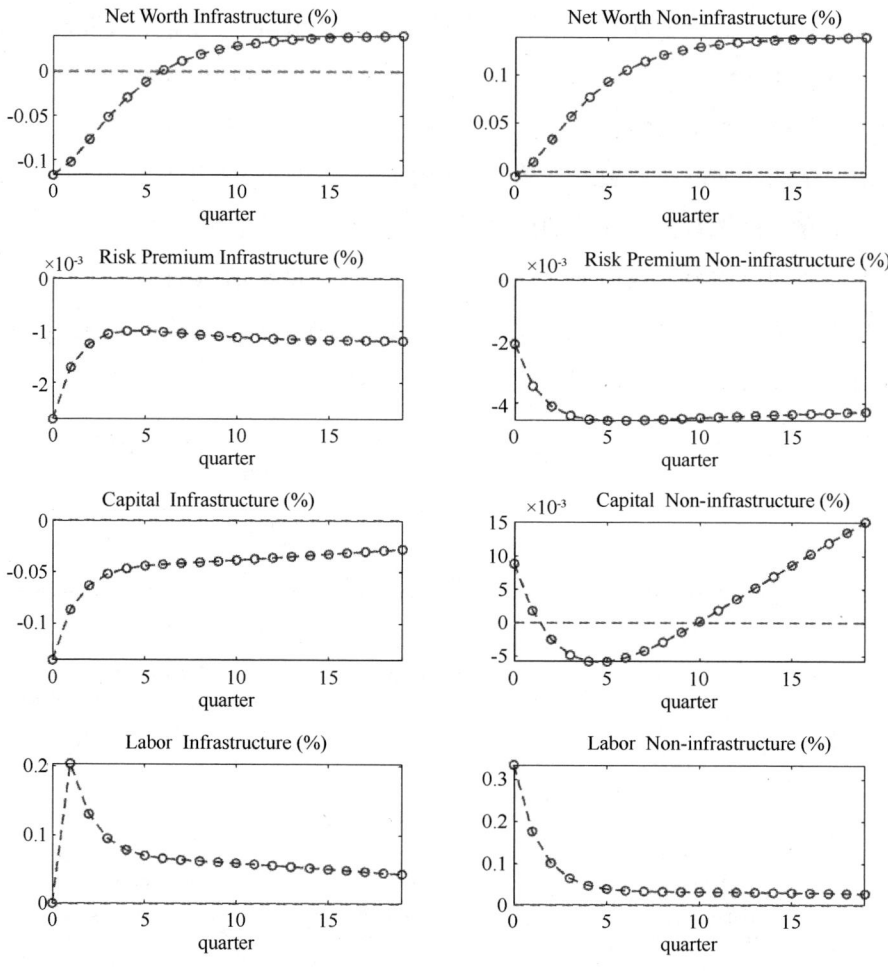

图 3-10　基建和非基建部门对政府民生支出冲击的脉冲响应

来自政府和家庭的需求的共同增加使得非基建部门产品价格提高,在货币政策作用下,实际利率上升。这就导致了企业债务的实际成本上升,基建企业净值下降,投资随之下降,资本价格相应下降。金融加速器在其中起到了抑制财政政策扩张效果的作用。对于基建部门来说,政府民生支出通过金融加速器渠道产生了间接影响。这一影响体现在实际利率上升导致的企业债务实际成本的提高上。由于企业资产净值的下降,面对较高的外部融资成本和较低的实际工资,基建部门选择减少投资,转而依靠雇佣更多的劳动来满足生产需求。

政府民生支出的经济刺激效果取决于私人消费与民生支出之间的替代弹性 $v$，两者之间的替代弹性越低，民生支出对私人消费的挤入作用越大，从而对总产出的刺激作用也越大。计算财政乘数可知，政府民生性支出的产出乘数在冲击当期为 2.12，5 年期乘数为 1.81。本书的经验事实部分的研究表明，近年来，中国以医疗卫生、教育和社会保障为代表的民生支出增长率有所下降，同时，来自居民部门的私人消费的增长率也有所下降。在经济发展的现阶段，打造国内经济大循环成为应对来自国外不确定性的关键，而经济内循环的关键是内需，拉动内需的关键是促进居民部门的消费。从上述分析来看，依靠政府民生支出的扩张，可以有效地刺激经济，尤其是能够增加居民消费，助力经济内循环的发展。

### (四) 财政乘数比较

从上述分析可以看出，不同类型的财政支出冲击对宏观经济的作用和传导机制有着显著差别。表 3-2 列出了政府消费、政府投资和民生支出的财政乘数。从财政乘数的比较来看，政府民生支出具有最大的经济刺激效果，每 1 元的政府民生支出的增加，在当期可以带动 2.12 元的 GDP，在 5 年内可以带动 1.81 元的 GDP。民生支出的有效性主要来自其对居民消费的挤入作用。政府投资的经济刺激效果次之，财政扩张当期的财政乘数为 0.83，5 年长期乘数为 1.17。这是由于政府投资增加带来的公共资本形成需要时间，所以长期乘数大于短期乘数。需要指出的是，政府投资冲击的经济拉动效果取决于政府投资对公共资本生产性的边际影响，当这一边际影响下降时，政府投资的政策刺激效果相应下降。政府消费扩张的经济刺激效果最低，短期和长期的乘数均小于 1，表明财政扩张挤出了私人部门的经济活动。

在实证研究的文献中，也有对中国财政乘数的估计。一方面，由于内生性问题的存在，实证研究的一个关键点是对外生财政支出冲击的识别。梳理相关文献可以发现，不同的识别方法得到的财政乘数大小有较大差别。例如，Guo等（2016）利用中央政府对贫困县的转移支付制度，估计出中国财政乘数较小，仅为0.6左右。另一方面，李明和李德刚（2018）利用民族地区的转移支付制度，测算出中国财政乘数显著大于1；Wang和Wen（2019）利用结构性向量自回归方法，得到中国财政乘数在短期内可达2.7，长期乘数高达4.9。对比实证研究，本书得到的不同类型的财政支出的乘数差异明显，涵盖了从小于1到大于2的较大区间，处于实证文献的估算范围之内。本书的结果一方面与实证发现吻合，另一方面也从区分财政支出类型的角度，为实证研究之间的不同结论给出了一个可能的理论解释和进一步探索的方向。

表3-2　　　　　　　　　不同类型财政支出的乘数

| 财政支出 | 当期乘数 | 5年期乘数 |
| --- | --- | --- |
| 政府消费 | 0.91 | 1.97 |
| 政府投资 | 1.09 | 1.73 |
| 民生支出 | 3.68 | 4.52 |

从财政政策的传导机制来看，3种类型的财政支出冲击的一个共同点是负向财富效应带来的影响。金融加速器和生产要素价格的影响形成了财政冲击跨部门传导的主要渠道。金融加速器在政府消费和民生支出冲击中，产生了负面效应的放大效果；在政府投资冲击中，产生了正面作用。影响是正是负，其核心在于财政支出对企业净值的影响如何。政府消费和民生支出由于直接增加了非基建部门的需求，导致其提高产品价格，在货币政策的作用下，使得实际利率上升，进而导致企业债务的实际成本上升，资本净值下降。金融加速器的存在进一步抑制了两部门的企业投资意愿，放大了财政扩张的负面效果。相反，政府投资扩张通过公共资本的增加，提高了企业投资的边际回报，使得企业资产净值上升，通过金融加速器产生了正面影响。因此，金融加速器在3种类型的财政支出冲击的传导机制中，都扮演了重要作用。

## （五）货币政策协调的作用

在本节中，我们讨论货币政策协调对财政支出扩张政策效果的影响。我们采取的方法是比较关闭货币政策协调后的财政支出乘数。具体来说，我们将货币政策规则中，货币供给对财政支出的反应设定为0，然后对模型参数重新进行估计，再计算不同类型财政支出的财政乘数。表3-3展示了无货币政策协调下的财政乘数。通过比较表3-3和表3-2可知，在没有货币政策协调的情况下，即货币部门在财政支出扩张时不扩大货币供给，各种类型的财政支出乘数均小于有货币政策协调的情况下的乘数。其中，政府消费和政府投资乘数在当期和5年期均小于1。政府民生支出乘数也有所下降，并且5年期乘数下降的幅度更大。这一分析表明货币政策协调对财政支出扩张政策的有效性产生了较大的影响，甚至是对政府消费和投资产生大于1的财政乘数的关键因素。因此，在执行财政刺激政策时，如果以财政支出扩张为主要手段，需要货币与财政部门相互协调配合，以保障财政刺激政策的有效性。

表3-3　　无货币政策协调下的不同类型财政支出的乘数

| 财政支出 | 当期乘数 | 5年期乘数 |
| --- | --- | --- |
| 政府消费 | 0.73 | 0.68 |
| 政府投资 | 0.65 | 0.71 |
| 民生支出 | 3.13 | 2.63 |

## 五、结论与政策启示

为了应对经济下行，财政政策通常是降低经济波动的有效政策手段。然而，与以往不同的是，受外部经济压力和不确定性增加、新冠肺炎疫情的持续和减税降费的大方针等因素的影响，各级政府的财政收入下降，即使通过发行国债、特别国债和地方政府一般债券及专项债券等措施能够弥补财政收入缺口,依靠财政支出扩张进行财政刺激的空间仍然极为有限。基于此,按照习近平总书记在中央经济工作会议上的指示精神,财政部部长刘昆提出:积极财政政策提质增效的一个重要方式是调整财政支出结构,需要压缩一般支出、保障重点支出,优化财政资金配置。在财政收支矛盾突出的现实下,财政需要量入为出,不能进行盲目的财政支出扩张,要注重优化支出结构。但是,已有文献对财政支出结构调整的经济作用和传导机制缺少研究。本书的工作在于填补这一空白,在充分研究不同类型的财政支出的政策刺激效果和作用机理的基础上,考察通过财政支出结构调整进行经济刺激,助力打造国内经济大循环的可能性。

本章首先将货币政策和财政政策同时纳入SVAR模型中,考察货币政策在财政支出扩张时,是采取协调配合的方针还是保持政策的独立。本书采用了同时施加短期和长期识别假设的方法对外生的财政支出冲击进行识别,这一方法在能够识别外生财政冲击的同时,保持了货币政策变量对通货膨胀的当期影响,更加符合经济理论与现实。实证分析的结果表明货币政策在财政政策扩张时,采取了宽松货币的协调配合的策略。接下来,本章继续从数据中挖掘中国财政支出结构和宏观经济增长的经验事实。本书发现有若干突出的现象交织在一起:1994年分税制改革以来,中国政府一直在调整财政支出结构。其中,政府投资的比重逐渐上升,非投资类型的政府支出比重逐渐下降。在非投资类型的政府支出中,民生支出比重在经历一段时间提高后,在近年来保持稳定。与财政支出结构的变化特点对应的是,私人投资实际增长率与政府投资实际增长率相关性不高,民生支出实际增长率与居民消费实际增长率高度相关。

进一步,本章通过构建两部门动态随机一般均衡模型对不同类型的财政支出的宏观经济作用和传导机制加以研究,并且考察货币政策对财政政策协调配合的经济效果。在本章的模型中,区分了3种类型的财政支出,将厂商划分为基建和非基建两个部门,并且引入了金融摩擦。研究发现,不同类型的财政支出扩张对私人部门的经济活动显著不同,并且有着不同的传导机制。第一,以三公经费为代表的政府消费支出扩张的经济刺激效果不佳，短期和长期财政乘数均小于1，且挤出了居民部门的消费和投资。第二，由于政府民生支出和居民消费之间的互补性，民生支出的扩张能够提高私人消费的边际效用，从而挤入居民部门的消费，具有较强的经济刺激效果。第三，政府投资通过增加公共资本，提高企业的边际生产率的方式促进经济增长。但是，通过对财政乘数的计算得知，政府投资的经济刺激效果相比民生支出而言较小，且在短期内能够挤出居民消费。当政府投资对公共资本生产性的边际提高作用较弱或金融加速器效应减弱时，政府投资扩张的有效性会有所减弱。为了确保新增政府投资的政策有效性，投资思路应有所转变，从大规模、全国性的政府投资扩张，转向新基建、新型城镇化等重点领域和公共基础设施较为薄弱的重点区域精准施策。第四，货币政策协调对财政支出扩张政策的有效性产生了较大的影响，甚至是对政府消费和投资产生大于1的财政乘数的关键因素。

从不同类型财政支出的经济刺激效果的差异可以看出，调整财政支出结构可以成为积极财政政策提质增效的有力手段。具体来看，通过减少政府消费支出、增加民生支出的结构性调整能够有效促进经济增长和居民消费，扩大内需；通过将政府消费支出转向政府投资支出的结构性调整有一定经济刺激作用，且具有长期政策效果，但相对于财政支出转向民生领域而言，其短期刺激效果偏弱。从货币与财政政策的协调来看，在执行财政刺激政策时，如果以财政支出扩张为主要手段，需要货币与财政部门相互协调配合，以保障财政刺激政策的有效性。

传统的财政支出扩张或者降低税收等财政刺激政策通常具有较高的政策成本。例如，美国为应对金融危机，在2009年实施的《美国经济复苏与再投资法案》，实际耗资高达8400亿美元，政策成本甚至高于"9·11"事件以来美国政府在伊拉克战场上的总支出（Dupor和Guerrero，2017）；中国在2008年底为了应对国际金融危机实施的"进一步扩大内需、促进经济平稳较快增长的一揽子计划"，总支出规模达到了2009年GDP的11.5%。相比较而言，结构性财政支出优化调整对政府税收和债务影响较小，政策成本较低。

2020年上半年，中共中央政治局常委会首次提出"构建国内国际双循环相互促进的新发展格局"。习近平总书记也多次强调要"推动形成以国内大循环为主体、国内国际双循环相互促进的新发展格局"。构建"双循环"发展格局，是基于近年来外部环境和我国经济发展形势的变化提出的重大战略部署，要求扭住扩大内需的战略基点，使经济循环更多依托国内市场。在打造国内大循环的同时，坚持开放，为其他国家提供更广阔的市场，成为吸引国际商品和资源的引力场，推动国内国际双循环的相互促进。对于财政政策来说，如何助力扩大内需是关键。需要指出的是，基于打造"双循环"的扩大内需不是传统的以政府支出扩张拉动内需，而是需要激发居民部门的内需。根据本书的分析，积极财政政策应该从如下几个方面进行结构调整：一是财政支出应该进行减少政府消费、增加民生支出的结构调整，以此来有效地促进居民部门的消费。二是对于财政支出从政府消费转向政府投资的结构性调整，需要对投资领域和地域有所选择，避免粗放式投资，政府投资要拉动企业的生产率，帮助企业科技创新，使供给体系更加适配国内需求，催生新发展动能，实现依靠创新驱动的经济增长。三是从本书的分析可以看出，财政政策的效果不是一成不变的，而是随着经济形势、金融发展状况、基础设施存量和折旧率等变量不断变化的。因此，各级政府部门应时刻跟踪、评估财政政策效果，根据经济发展状况进行财政支出结构调整、优化。总结来说，在当前经济形势下，结构性财政支出调整不会进一步扩大财政收支矛盾。各级政府在政策制定的过程中应以优化财政支出结构为主要手段，积极发挥财政政策的作用，减少以三公经费为代表的政府消费支出，因地制宜地调整政府投资支出，积极扩大医疗卫生、教育、社会保障为代表的政府民生支出。在积极财政政策提质增效的同时，一方面可以促进经济增长、平抑国内外压力带来的经济波动，另一方面也可以在新冠肺炎疫情肆虐的特殊时期保障民生、扩大内需，助力打造国内经济大循环、推动国内国际双循环。

# 第四章　中国地方财政乘数测算
## ——基于中央政府部长变更对央地专项转移支付倾向影响的实证分析

## 一、引言

自 2008 年国际金融危机以来，各国政府为刺激经济相继采取大规模的扩张性财政政策，以期扩大内需，达到推动国民经济稳步增长的目标。伴随大规模的刺激性财政政策的推行，引发学界和政界关于上述举措的热烈讨论，争论之一聚焦于增加政府支出对于私人经济活动的总体影响，会产生挤出作用还是刺激作用。纵观相关文献，学界关乎政府财政支出的效率问题尚未达成一致的结论。其中，在实证层面，测算政府支出效率亟待解决的首要困境是政府支出与总体经济活动间相互作用导致的内生性问题。尽管经济学家尝试了多种策略以识别政府支出的外生变化，但目前通用的方法存在技术性缺陷，因此所得结论尚未被普遍接受。例如，当数据结构为时间序列类别时，由于前瞻性代理人引发的潜在预期效应，结构向量自回归（SVAR）的结论受到了挑战（Ramey，2011）。此外，叙事性方法同样面临诸多缺陷，包括观测值有限，潜在弱工具变量及爱国主义在战争时期产生的影响（Fisher 和 Peters，2010）。近年来，学界涌现了庞大数量的文献采用财政政策横截面变化估算政府支出对区域经济的影响。该策略的优势在于能够提供相对足量的观测值，在此基础上，可使用一系列更为丰富的历史财政政策干预手段构建强有力的工具变量（Dupor 和 Guerrero，

2017）。然而，横截面变化估计法的不足之处在于难以捕捉跨地区政策的溢出效应，因此无法为决策者提供有关总体效应的信息（Nakamura 和 Steinsson，2014；Chodorow – Reich，2017）。

针对上述缺陷，本章提供了一种新策略处理内生性问题，该方法也考虑到地方政府支出的溢出效应。上述方法的核心在于将中央政府部长职位变动作为市级政府间转移支付和财政支出的外生变化来源。在中国，中央政府部长的任命取决于政治环境以及个人政治履历。此外，最具权力的地方政治职位，如党委书记、省长、市长等，很少在当地官员中进行遴选。因此，晋升为部长级别与该官员家乡城市的事件与经济状况无关。同时，研究结果显示，当官员成为中央政府部长后，其家乡收到的转移支付显著增加。因此，部长的任命会对其所在城市的中央政府资金份额产生积极的冲击，而这一份额独立于城市的经济状况。

本章将研究窗口设定为2002年年底至2003年年初，关注部长的变更情况，并考虑1998—2007年的时期。原因如下：首先，直到1994年实行分税制后，政府间转移支付才成为中国地方政府的主要收入来源。因此，鉴于部长级职位的典型任期为5年，可观察到1994年后的3次部长更迭。然而，1998年及2008年的部长更迭伴随着中国中央政府的重大重组。在1998年，解散了15个部委，新设立4个部委；在2008年，解散了6个部委，新设立5个部委。组织结构改制重新分配权力和职责，从而导致各部委分配的政府间转移支付发生变化。据上述情形，需将部长变更所产生的影响与中央政府重组的影响区分开来。相比而言，2003年的经济全球化浪潮提供了相对良好的外部环境，在2003年唯一的组织变革是国家经济贸易委员会和对外贸易与经济合作部合并为商务部。新成立的商务部集合了这两个部门的权力和职责，此外并没有进行任何额外的调整。其次，数据层面的局限性也限制了实证分析的发展，因为目前只有1997—2007年的市级政府间转移支付数据。最后，排除2008年以后的时间段可以摒除全球金融危机的影响。2008年，中国政府实施了"四万亿"经济刺激计划，但这些资金的具体分配细节尚未公开。基于DID方法，本章发现，新任部长平均会额外带来1.36亿元人民币的拨付至其家乡，这相当于增加了19%的政府间转移支付。该影响渠道下，政府间转移支付的外生增加也会引发地方政府开支的外生增加。因此，本章利用中央政府部长的变动以识别地方政府支出的外生性变动。在此基础上，开展地方财政乘数和溢出效应的估算工作。本章使用工具变量法估计地方财政乘数。鉴于新任部长将为其家乡带来更多政府资金的拨付，本章构建了一个虚拟变量，该变量指代2003年新任命的部长，作为政府支出的主要工具变量。本章所估计的地方政府财政乘数介于1.197—1.940。在此结论的基础上，本章拓展探究了政府支出的增加是否会影响邻近城市的GDP增长。默认地缘毗邻城市将从溢出效应中获益最大，因此该方法也可推广于当地地方政府支出的增加将如何影响其他城市的检验。本章研究分析表明，政府支出不存在显著的溢出效应，上述特征性事实可作为将地方财政乘数的估计值，视为总体财政良好近似值的强有力支撑。

　　本章为聚焦政府支出对私人经济活动影响作用这支文献束具有边际贡献。自"大衰退"以来，学界对区域财政政策的变化予以极大重视。例如，利用《美国复苏与再投资法案》（ARRA）的分配检验联邦刺激极化的地区乘数。Nakamura和Steinsson（2014）以及Dupor和Guerrero（2017）利用国防支出分配识别和估计财政冲击的影响。其他论文，如Cohen等（2011）、Clemens和Miran（2012）、Shoag（2013）、Acconcia等（2014）、Serrato和Wingender（2016）以及Adelino等（2017）均选择利用自然或准自然实验的方式探究上述研究主题。如前所述，使用跨地理区域变化性非财政政策进行估算的策略可克服使用时间序列数据的许多障碍，但该方法也缺乏提供有关总体效应准确信息的能力。本章的研究结果准确估计了政府支出的溢出效应，此外还汇报地方政府乘数、总和财政乘数以供广大研究者参阅。

　　由此，本章对中国财政乘数文献束也具有一定边际贡献。西方主流文献的评判标准将研究对象限定于发达国家，对比之下，学界关乎发展中国家的相关研究较少。中国政府采用前瞻性财政政策以期兼顾宏观经济稳定性和经济增长速度。研究者企图揭示中国经济奇迹增长与财政政策间的内在关联。中国地方财政乘数的数值大小是一个重要的研究主题。在美国，联邦政府支出占据较大份额，而中国的情况是地方政府层级占据较大份额支出。回顾文献，Wang 和 Wen（2019）在面板向量自回归模型的框架下处理省级层面数据，结果显示，即期地方财政乘数为 2.83，长期地方财政乘数为 6.51。Zhang（2018）以中国政府在一个财政年份中的年末会产生更多支出为研究主题，其文章中也涉及财政乘数的计算，所得结果为，即期地方财政乘数为 1.17，地方累积一年的财政乘数为 3.71。Shi 和 Fukushige（2015）、Jeong 等（2017）、Zhang（2019）以及 Zhang 等（2019）所得结论均支持中国财政乘数大小大于 1 的论断。Guo 等（2016）侧重政府间向低收入贫困县的专项拨款，其研究发现财政乘数小于 1。对比上述研究，本章的边际贡献主要在于两点：其一，借鉴 Cohen 等（2011）的巧思，使用政治关联以识别政府收入的外生冲击。其二，本章对溢出效应加以考虑，增加研究结果中总体财政乘数估算的准确度。

本章的行文框架如下：第二部分中呈现数据的描述性统计以及中国政府间转移支付的制度背景。第三部分延伸讨论识别策略、计算地方财政乘数及溢出效应。第四部分对全章进行总结。

## 二、制度背景和数据

### （一）制度背景

中国在 1994 年实行分税制改革，为中国财政制度构建基本框架，通过不同税种及央地共享税将收入分流分配至中央和地方政府。中央税包含消费税、关税以及中央国营企业收入税。省级和县级的地方政府享有数额较小的税种，例如房产税、城镇土地使用税以及土地增值税。属于央地共享税的税种有：个人企业所得税、地方国营企业收入税以及增值税。自1994年分税制改革以来，地方政府收入占比一直处于50%左右，但地方政府总支出从 1994 年占比 69.7% 提高至 2016 年占比 85.4%，加剧纵向财政不平衡。正因上述情形，地方政府严重依赖来自中央政府的转移支付。

**1. 中国政府间转移支付**

自 1994 年伊始，中国政府间转移支付逐步提升，至 2016 年已达到 5.94 万亿元。地方政府的两个主要收入来源是一般转移支付以及专项转移支付。

一般转移支付，是中央政府拨付给地方政府且没有设置用途限制的资金。一般转移支付的法定计算公式取决于人口数量、地理位置、标准财政收入和财政支出等要素。一般转移支付的重要职责是平衡各地区间公共服务水平，对于地方政府而言，一般转移支付可视为一种可自由支配的收入。部分一般转移支付被拨付至特定类型的地区，例如，中央政府会拨付一般转移支付至青海、四川以及海南等地区以期增进当地环境保护水平。尽管中央政府指定上述一般转移支付应用于环保事业，但地方政府在支配资金方面仍存有较高自主性。当地经济条件是一般转移支付最基本的决定要素，此外，在制度设计层面，一般转移支付的拨付还取决于各个地方政府的开放度和透明度。由此推断，一般转移支付的拨付具有内生性，且在地方政府层面是可预期的。

专项转移支付，是中央政府拨付给地方政府并限定具体用途的资金。专项转移支付的分配依据并不依赖具体计算公式，而是基于项目，这意味着地方政府需要投入政治资源争取项目的批复和后续资金。每年，中央政府都会对大量项目制定总额和应用领域的规划，并由国务院各部委公布。获取专项转移支付的一般时序流程如下：首先，省级县级政府需要指定其主管相关事务的行政部门准备申请材料，并上报中央部委；其次，在项目审批通过后，需将相关申请材料上递至财政部。上述流程后，转移支付最终会拨付至地方政府。此外，收到财政部拨款后，地方政府一般需要依据专项资金的大小额外提供一部分支持资金。

正如 Shah 和 Shen（2006）所指出的，在专项转移支付中，短期转移支付占比较高，且短期转移支付的占比近年来呈现上升趋势。短期转移支付的特征是其基于特定目标而构建的特定项目。统计数据显示,在2004年,大约有200个项目占据中央转移支付总额的20%以上。为争取临时转移支付,地方政府需要拟定项目并向相关部门递送申请。有两种常见的情况:其一是自下而上,地方政府计划实施一项有关农业的项目需要资金,则需向农业部提送申请材料。另一种常见情形是:自上而下,中央部门有时候设置一些项目,需要选择地点实施这些项目。上述情况,中央部门可指定特定地方政府认领相关项目。部长具有影响项目是否成功获批的权利。

巨额专项转移支付是激发地方政府间形成相互竞逐关系的主要动力之一。回顾1995年的情形,中央对地方的专项转移支付总额不到1000亿元,占地方专项转移支付总额的比重仅为15%。反思1997年亚洲金融危机和2008年全球金融危机的历史经验后,中国政府扩张专项转移支付以期达到刺激宏观经济的作用。据统计数据显示,在2010年,专项转移支付的总额为1.6万亿元人民币,在总体转移支付中占比为44%。地方政府间为获取更多专项转移支付会形成激烈的竞争,其中一种在竞争中脱颖而出的策略是与有权势的部门,特别是部长们建立强有力的政治联结。

**2. 国务院部长**

国务院,又称中央人民政府,是中国最高行政权力机构。截至2018年,国务院由26个部委组成,其中国家发展和改革委员会、财政部、农业部、人力资源部以及劳动保障部是主管专项资金的主体部门。

部长任免流程如下,首先由国务院总理提名,然后由全国人民代表大会正式任命。考虑到监督一个具体行政事务领域的特殊性和复杂性,部长的任免会主要考察其专业领域的建树,与其家乡无关。例如,表4-1展示了2002—2003年新任命部长的背景的描述性统计。数据显示,这些被任命为部长的人在近10年内都没有在自己家乡工作的经历。具体来讲,只有3位在近十几年内拥有在其家乡工作的经历。其一是民政部部长、出身吉林四平的李学举,他曾拥有在四平工作的经历,但在1978年被调往北京工作。其二是人力资源部部长张柏苓出身辽宁营口,他曾在家乡担任中学教师,后接受继续教育,于1978年被调往中央政府。其三是交通部部长张春贤出身河南许昌,他曾在家乡村政府工作,1976年重返校园接受教育,毕业后任职于中央政府。描述性数据显示,绝大部分部长缺乏在故乡的工作经验,由此推断,部长故乡的经济状态与其晋升不存在直接关联。因此,国务院部长变更与其出生地家乡经济条件不相关。

表4-1　　　　　　　　2002—2003年新任部长信息

| 部长 | 部委 | 任期 | 家乡 | 就任部长前岗位 | 是否在样本 | 家乡任职经历 |
|---|---|---|---|---|---|---|
| 李肇星 | 外交部 | 2003—2007 | 山东青岛 | 外交部副部长 | 否 | 否 |
| 曹刚川 | 国防部 | 2003—2008 | 河南平顶山 | 中央军委副主席 | 是 | 否 |
| 马凯 | 发改委 | 2003—2008 | 山西吕梁 | 国务院副秘书长 | 是 | 否 |
| 周济 | 教育部 | 2003—2009 | 上海 | 教育部副部长 | 否 | 否 |
| 王旭东 | 信息产业部 | 2003—2008 | 江苏盐城 | 信息产业部副部长 | 是 | 否 |
| 周永康 | 公安部 | 2002—2007 | 江苏无锡 | 四川省委书记 | 是 | 否 |
| 李至伦 | 监察部 | 2003—2007 | 辽宁锦州 | 监察部副部长 | 是 | 否 |
| 李学举 | 民政部 | 2003—2010 | 吉林四平 | 民政部副部长 | 是 | 是,1978年前 |
| 金人庆 | 财政部 | 2003—2007 | 江苏苏州 | 国家税务总局局长 | 是 | 否 |
| 郑斯林 | 劳动和社会保障部 | 2003—2005 | 天津 | 中共中央企业委员会副书记 | 否 | 否 |
| 张柏林 | 人事部 | 2003—2007 | 辽宁营口 | 中组部副部长 | 是 | 是,1978年前 |
| 孙文盛 | 国土资源部 | 2003—2007 | 山东威海 | 自然资源部副部长 | 是 | 否 |
| 张春贤 | 交通部 | 2002—2005 | 河南许昌 | 交通运输部副部长 | 是 | 是,1978年前 |
| 刘志军 | 铁道部 | 2002—2011 | 湖北鄂州 | 铁道部副部长 | 否 | 否 |
| 吴仪 | 卫生部 | 2003—2005 | 湖北武汉 | 国务院副总理 | 否 | 否 |
| 周小川 | 中国人民银行 | 2002—2013 | 江苏无锡 | 证监会主席 | 否 | 否 |
| 张云川 | 国防科工委 | 2003—2007 | 浙江金华 | 湖南省省长 | 是 | 否 |
| 吕福源 | 商务部 | 2003—2004 | 黑龙江绥化 | 对外贸易经济合作部副部长 | 否 | 否 |

正如Fan和Li(2014)所讨论,出现一个新任命的部长时,可通过两种影响渠道影响指定拨付给他家乡的资金。首先,由内求因,从情感归属的角度,部长对家乡的情感会在一定程度上增加项目获批准的概率。其次,由外求因,部长家乡所在城市的政府官员会将部长的任免视作一个建

立强有力政治联结的机遇，因此家乡所在地政府官员会在游说方面投入更多的资金以期获取来自中央政府更多转移支付。

问题提出：省级政府是否存在重新分配拨付地级市专项转移支付的权力？

问题回应：据《专项转移支付转让条例》规定，专项转移支付在发放伊始就被指定在地级市层面的具体用途，而省级政府不存在变更向地级市发放专项转移支付的权限。由上述官方文件的规定推断，省级政府在决定拨付专项转移支付的流程中起到的作用并不大。

（二）数据

本章所使用的数据共涉及两个数据集，其用途及数据结构如下：计算财政乘数所涉及的数据均为市级数据。计算有效税率所涉及的数据均为公司层面的数据。资料来源如下：专项转移支付数据涉及286个城市，来源于财政部公开的省级、市级及县级财政国家统计年鉴（该年鉴的出版于2008年中断）。市级GDP数据、预算收入、预算支出以及其他经济指标均来源于中国城市统计年鉴以及CEInet统计数据库。以上述数据为基础，本章所使用的面板数据涉及286个城市1998—2007年的数据。由于县级CPI数据难以获取，本章使用省级CPI指数将名义变量转换为实际变量。由于各位部长对其管辖范围内的专项转移支付资金具有异质性影响作用，因此使用项目层级专项转移支付数据是解决本章研究问题的最佳选择。但项目层级的专项转移支付数据不可获取。

公司层级资料来源于中国工业企业数据库（CIED）。作为中国最具影响力的研究公司层级问题数据库，中国工业企业数据库由国家统计局维护，其中包含所有国有企业以及规模以上私人企业，其中90%的数据属于制造业企业。规模以上企业意味着该私人企业的年销售额大于500万元人民币。本章使用CIED数据库中1999—2007年公司层面的数据构建数据集，数据集中包含大量财务指标以及200万个公司样本。使用数据集中的地区编码，可识别出各公司经营所在城市和省份。本章使用Nie等

(2012) 推荐的数据清理方法，筛选了一些异常值，其中包含一些规模以下的国营企业用作对照组。最后，本章去除一些重要变量位于 0.5 分位以及 99.5 分位外的数据，其中包括固定资产、债务以及销售额等。

## 三、地方政府财政乘数

在本节中，估计地方政府财政乘数需要中国城市层级的数据。首先，需要识别地方政府支出的外生变化。如前文所述，中国地方政府严重依赖来自中央政府的转移支付作为主要收入。此外，中央政府的各部门拥有决定专项转移分配的权力。部长家乡城市和部委间的政治联结会增加地方政府收到的额外专项转移支付。因此，本章的策略是采用政治联结以识别地方政府支出的外生增加。

在第一个分支下，本章使用准自然实验的方式验证新任命部长会为其家乡带来额外的中央转移支付的待验证假说。在此基础上计算地方政府财政乘数和溢出效应。此外，本章的研究设计中还对政府支出和税率政策的异质性影响进行考察，因此，地方有效税率是本章的核心解释变量。

### （一）政治联结与政府间转移支付

本章的研究窗口设定为 2002 年年末至 2003 年年初，将该时段视为衡量新任命部长对政府间转移支付的影响的准自然实验。如前文所述，研究窗口的选择源于这一轮部长变动为区分部长变动与中央政府改组的双重影响渠道提供可能性。2003 年国务院改革仅涉及将两个部委合并重组为新的商务部，而商务部在决定转移支付的流程中的权利相对有限，为准确识别部长的作用提供良好的机会。

在 2003 年这轮部长更替的人事变动中，共计任命 18 位新部长，其中涉及权力最大的部委——国家发展和改革委员会、财政部以及劳动和社会保障部。其中外交部、铁道部以及中国人民银行被排除在分析之外，因为上述部委的资金不会转移至地方政府。此外，新任命的商务部部长在上任仅一年之后就去世了。因此，样本中剔除了商务部部长。本章还剔除了北京、上海、天津和重庆等省级直辖市和省会城市的部长，因为上述城市的行政级别、规模、人口、经济状况以及政治资源等要素与其他地区存在较大异质性。据上述筛选规则，样本中还剩下 11 位新部长。部长的详细任职背景如表 4-1 所示，这些部长在近几十年中都没有在家乡城市工作经历。

在 Fan 和 Li（2014）的基础上，本章首先构建个体和时间固定效应的 DID 主回归：

$$Trans_{it} = \alpha + \beta Minister_i \times D03_t + X_{it}\vec{\theta} + \gamma_t + \delta_i + \varepsilon_{it} \tag{4-1}$$

$Trans_{it}$ 表示城市 $i$ 在 $t$ 年接收的专项转移支付。$Minister_i$ 代表哑变量，如果城市 $i$ 拥有新任命的部长，$Minister_i$ 取值为 1，否则 $Minister_i$ 取值为 0。$D03_t$ 是一个时间哑变量，在 2002 年后取值为 1，否则为 0。$\gamma_t$ 和 $\delta_i$ 分别表示时间和城市固定效应。$X_{it}$ 是一个向量，表示城市层面控制变量，其中包含政府收入、人均 GDP、城市化比率、人口以及土地（行政区域）。在主回归中，核心系数为 $\beta$，其经济学含义可解读为部长力量对其家乡分配所得专项转移支付的平均作用。

在 DID 框架下，处理组被定义为 2002 年年末至 2003 年年初新任命部长其家乡所在城市。本章使用得分向量匹配法（PSM）处理样本数据。控制组城市也被限定于在 1998—2007 年中从未成为部长家乡的城市。得分向量匹配法的第一步是随机筛选观测值，第二步是在 Log 回归框架下保持城市经济状况协变量不变，估计城市被选入处理组的概率。每个城市的条件概率被称为倾向分数（P-S），本章选择最具普适性的带卡尺最佳匹配 P-S 匹配法，并允许联系和替换。在构建部长—非部长数据集时，以部长为处理变量，将真实转移支付设定为结果变量。其中，协变量包括城市层级收入的真实值、人均 GDP、城市化率、人口以及行政区域（土地）。表 4-2 呈现处理组和控制组的描述性统计。对比处理组和控制组的被解释变量，不存在显著的差别。

表 4–2　　　　　主要统计量对比 PSM（1998—2002 年）

| 变量 | (1) 控制组 Mean | (2) SD | (3) Obs | (4) 处理组 Mean | (5) SD | (6) Obs |
|---|---|---|---|---|---|---|
| 转移支付(万元) | 26872* | 19564 | 782 | 33315 | 24118 | 53 |
| 人口(万人) | 378.7 | 215.6 | 782 | 434.4 | 160.5 | 53 |
| 土地面积(平方千米) | 11441 | 7623 | 782 | 10202 | 7058 | 53 |
| 城镇化率 | 0.294 | 0.164 | 782 | 0.312 | 0.0948 | 53 |
| 人均 GDP(元) | 8316* | 9064 | 782 | 12946 | 9456 | 53 |
| 推算企业所得税税率 | 0.119 | 0.113 | 552 | 0.126 | 0.0818 | 47 |
| 增值税税率 | 0.130 | 0.0379 | 640 | 0.125 | 0.0329 | 50 |
| 财政支出收入比 | 0.322 | 0.219 | 780 | 0.303 | 0.179 | 53 |
| $\Delta GDP/GDP_{t-1}$ | 0.0859 | 0.0595 | 608 | 0.0941 | 0.0512 | 42 |
| $\Delta$ 政府支出/政府支出$_{t-1}$ | 0.186 | 0.116 | 606 | 0.198 | 0.0991 | 42 |

注：*表示 10% 显著。

图 4–1 中呈现的回归结果可作为使用 DID 框架的支撑证据。其中，当 $t=s$ 时，变量 $YearDummy_t$ 赋值为 1，否则赋值为 0；在 2003 年之前，交乘项 $Minister_i \times YearDummy_t$ 的估计系数与 0 不存在显著差异，在任命新部长后，其系数显著大于 0。上述结果显示，控制组和对照组间的专项转移支付符合平行趋势要求。

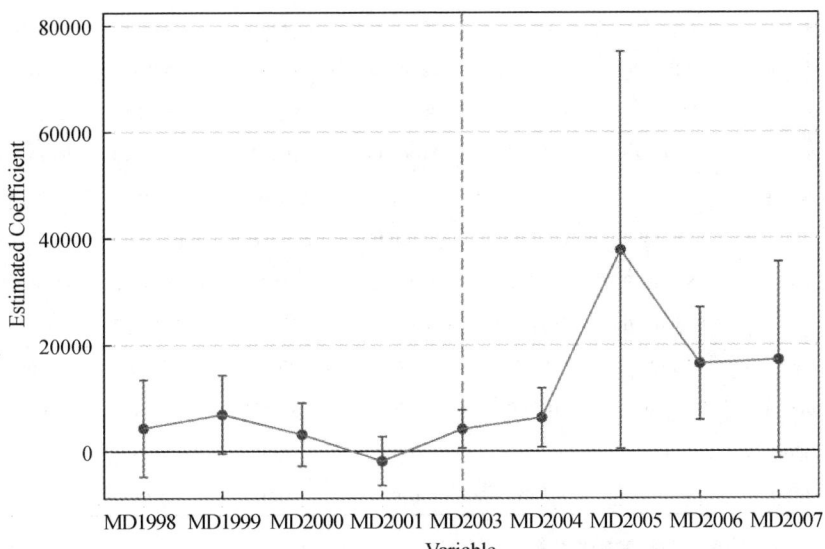

图 4–1　平行趋势检验

$$Trans_{it} = \alpha + \sum_{s=1998}^{2007} \beta_s Minister_i \times YearDummy_t + X_{it}\vec{\theta} + \gamma_t + \delta_i + \varepsilon_{it}$$

(4-2)

表 4-3 的第一栏列示了部长对专项转移支付的影响。其中,交互项 $Minister_i \times D03_t$ 的系数在 5% 水平上显著,其经济学含义为在新部长上任后,其家乡每年收到的专项转移支付比其他城市高出 1.36 亿元。这一数值约占 2003 年以后样本中城市每年收到专项转移支付资金平均值的 19%,上述事实证据支持部长对专项转移支付分配具有较强的影响力。

表 4-3　　　　　　　　　　部长对专项转移支付的影响

|  | (1) 转移支付 | (2) 转移支付 | (3) 转移支付 | (4) 转移支付 | (5) 转移支付 | (6) 转移支付 |
| --- | --- | --- | --- | --- | --- | --- |
| Minister × D03 | 13618.8** | 11684.1** | 13776.3** | 14708.1*** | 12635.6** | 10892.8* |
|  | (5593.5) | (5437.5) | (5671.3) | (5503.1) | (5421.7) | (6330.9) |
| 财政收入 | 0.0248** | 0.0253** | 0.0228* | 0.0243** | 0.0229** | 0.0445*** |
|  | (0.0116) | (0.0117) | (0.0136) | (0.0119) | (0.0111) | (0.0160) |
| 人均 GDP | -1.039*** | -1.031*** | -1.054*** | -0.973*** | -0.856*** | -1.785*** |
|  | (0.206) | (0.203) | (0.331) | (0.201) | (0.152) | (0.438) |
| 城镇化率 | -35073.9 | -33031.9 | -32660.8 | -21470.8 | -21768.5 | -69017.4 |
|  | (22864.0) | (22802.3) | (24540.7) | (22510.1) | (15368.4) | (50153.1) |
| 人口 | 515.4*** | 511.7*** | 502.4*** | 522.3*** | 495.5*** | 429.1** |
|  | (102.2) | (102.2) | (104.4) | (102.2) | (103.1) | (175.1) |
| 土地面积 | 2.330* | 2.334* | 2.438* | 2.406* | 1.454 | 2.218 |
|  | (1.369) | (1.378) | (1.364) | (1.446) | (1.392) | (2.161) |
| _cons | -187469.9*** | -187051.7*** | -190274.5*** | -187353.5*** | -168751.5*** | -138111.1* |
|  | (38981.6) | (39142.0) | (40837.5) | (38239.3) | (41423.7) | (69715.0) |
| Observations | 1729 | 1737 | 1661 | 1718 | 2087 | 655 |
| Within $R^2$ | 0.761 | 0.760 | 0.766 | 0.758 | 0.743 | 0.771 |
| Two-way FE | Yes | Yes | Yes | Yes | Yes | Yes |
| Clustered at | City | City | City | City | City | City |

注:括号内数字为稳健标准误差。

* $p<0.1$, ** $p<0.05$, *** $p<0.01$。

作为稳健性检验，在后续分析中将任命一年后去世的商务部部长纳入样本，结果显示，交乘项 $Minister_i \times D03_t$ 仍旧显著，但系数较小（表4-3的第二列）。上述证据显示，囿于商务部部长的任期过短，无法为其家乡提供额外的专项转移支付。因此，本章在后续推进研究分析时，在样本中剔除商务部部长。

此外，本章还对新任部长家乡依照地理位置进行划分。一个有趣的事实，处理组的部长其家乡均分布于黑河—腾冲线以东。黑河—腾冲线是一条假想的线，将中国分为两个面积大致相等的部分，从黑河到腾冲沿对角线横跨中国。中国人口学家胡焕勇于1935年设想出这条线，并称其为"地理人口分界线"。据2002年统计数据显示，黑河—腾冲线以西占据了中国57%的土地面积和仅仅6%的人口，黑河—腾冲线以东占据了中国43%的土地面积和94%的人口。由于所有部长均来源于人口稠密的地区的相关性事实，由此提出待验证假说，考察人口稠密程度是否会影响到估计结果。为验证上述假说，本章从对照组中删除位于黑河—腾冲线以西的6个省份的城市，即新疆、甘肃、宁夏、青海、西藏和内蒙古，结果仍然稳健（详见表4-3第三列）。

在表4-3的第四、五、六列中汇报了更为丰富的稳健性检验结果。其中，在第四列中复现了第一列的回归，但使用与更小卡尺（0.01）匹配的其他PSM样本。第五列中列示的是使用非PSM样本的结果。最后一列中使用非PSM样本，并将控制组城市限定为新部长家乡所在省份城市。在上述替代回归下，主结论不存在显著变化。

提出问题：转移支付的增长应隶属于短期增长还是长期增长？

由于家庭和企业两个部门对持久性或暂时性政府冲击存在异质性反应，因此识别冲击属于短期还是长期冲击就成为本研究所关注的重要问题。因此，本章检验新任部长的动态影响。该方法是对式（4-2）重新进行估计。在表4-4中列示基准模型和黑河—腾冲线结果。

本章估计系数$\hat{\beta}$呈倒"U"形。由于部长官方任期为5年，上述研究结果表明，部长在任期内会减少专项转移支付的额度，由此推定政治联结

表 4-4　　部长对转移支付的影响：动态效应

| | （1）转移支付 | （2）转移支付 |
|---|---|---|
| Minister × TD1998 | 4336.5 | 4396.5 |
| | (5499.2) | (5457.7) |
| Minister × TD1999 | 6895.1 | 6717.7 |
| | (4450.4) | (4407.0) |
| Minister × TD2000 | 3133.6 | 3340.8 |
| | (3592.2) | (3547.3) |
| Minister × TD2001 | -1873.3 | -1876.8 |
| | (2772.2) | (2760.5) |
| Minister × TD2003 | 4155.2* | 4086.3* |
| | (2163.1) | (2232.1) |
| Minister × TD2004 | 6292.4* | 6485.5* |
| | (3351.6) | (3463.8) |
| Minister × TD2005 | 37767.1* | 38534.9* |
| | (22591.6) | (22704.8) |
| Minister × TD2006 | 16427.4** | 16562.8** |
| | (6404.7) | (6488.3) |
| Minister × TD2007 | 17093.3 | 16923.1 |
| | (11166.1) | (11147.0) |
| _cons | -185098.1*** | -187719.2*** |
| | (39043.8) | (40942.6) |
| Observations | 1729 | 1661 |
| Within $R^2$ | 0.765 | 0.770 |
| Two-way FE | Yes | Yes |
| City-level Controls | Yes | Yes |
| Clustered at | City | City |

注：括号内数字为稳健标准误差。

*$p<0.1$, **$p<0.05$, ***$p<0.01$。

带来的优惠的暂时性。

提出问题：政府支出是否存在增加的可能性？

本章已证实任命部长会向其家乡带来更多的专项转移支付。为回应上述质疑，将等式（4-2）的左端替换为 $lnG_{it}$，$lnG_{it}$ 是在第 $t$ 年城市 $i$ 实际政府支出对数。图 4-2 显示估计系数 $\hat{\beta}$，在 2003 年任命新部长的时点后，政府开支也呈现倒"U"形的模式。在上述情形下，地方政府的政府支出会伴随专项转移支付的增加而增加。上述结论与 Dahlberg 等（2008）一致，该文章的结论还支持联邦政府拨款对地方政府支出具有挤出效应。

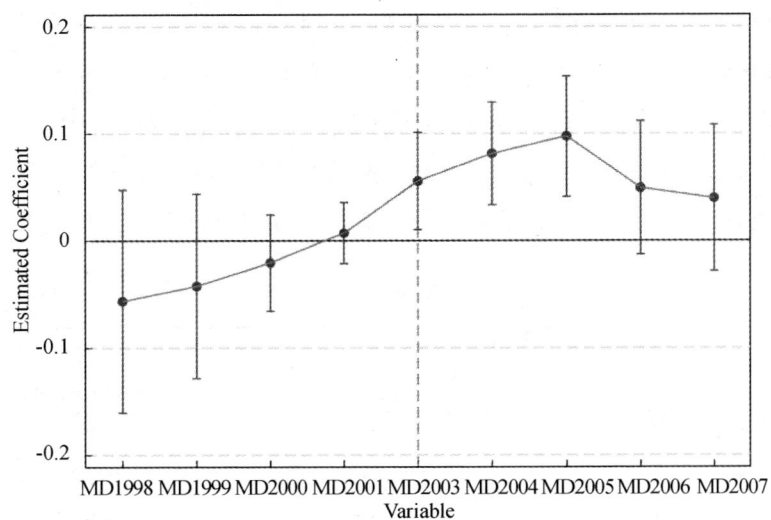

图 4-2　部长对地方政府支出的动态影响

### （二）有效税率的响应

税收政策是决定私人部门经济活动的关键。学界聚焦政府支出影响的研究，均控制税收政策不变，例如 Blanchard 和 Perotti（2002）、Barro 和 Redlick（2011）、Ramey（2011）以及 Rossi 和 Zubairy（2011）。这是因为融资渠道为税收和赤字的财政刺激会导致家庭和公司产生异质性响应（Ramey 和 Zubairy，2018）。尽管中国地方政府无权改变法定税率，却可以通过改变执法力度调整有效税率。一个合理的解释是，额外的专项转移支付会对地方政府的税收努力产生负面影响，因此，公司可以从减轻的税收负担中获益，并提高预期产量。

为验证上述假说，本章对新任命部长对其家乡实际税率的影响进行检验。本章将核心被解释变量设定为增值税（VAT）以及企业所得税

（CIT），因为它们是中国的主要税种。

本章定义的有效税率：

$$VAT\ Rate_{it} \equiv \frac{\sum_{j=1}^{N} Reported\ VAT_{ijt}}{\sum_{j=1}^{N} Reported\ Value\ Add_{ijt}} \quad (4-3)$$

本章使用工业企业样本，$N$ 表示城市 $i$ 中第 $t$ 年中工业企业数量。

为检验地方有效税率变动，本章使用增值税税率替代等式（4-1）专项转移支付，并重新估算。$X$ 表示控制变量，其中包括人均 GDP、城市化率、人口和土地面积。如表 4-5 第一列所示，$Minister_i \times D03_t$ 的系数接近 0，且统计上不显著，由此推定部长任命对有效增值税率不存在显著影响。

表 4-5　有效税率

|  | （1） | （2） |
| --- | --- | --- |
|  | 增值税 | 企业所得税 |
| Minister × D03 | -0.00381 | -0.0138 |
|  | (0.0107) | (0.0280) |
| 人均 GDP | 0.00256 | 0.00472 |
|  | (0.00251) | (0.00721) |
| 人口 | 0.172 | 0.318 |
| (10 人) | (0.186) | (0.619) |
| 土地面积 | 0.0174 | -0.0303 |
| ($10^4$ 平方千米) | (0.0139) | (0.0572) |
| 城镇化率 | 0.0707* | 0.172 |
|  | (0.0404) | (0.105) |
| _cons | 0.0342 | -0.0102 |
|  | (0.0671) | (0.248) |
| Observations | 1240 | 1264 |
| Within $R^2$ | 0.207 | 0.0231 |
| Two-way FE | Yes | Yes |
| Clustered at | City | City |

注：括号内数字为稳健标准误差。

$*p<0.1$，$**p<0.05$，$***p<0.01$。

计算有效公司税的一个可行策略是使用年报中汇报的利润。该方法的显著缺陷在于年报中的利润虚报问题，即企业可能存在逃税的隐患，企业具有在年报中低报利润的激励以支付更低额度的公司所得税。上述情形在地方政府减少税收执法力度时，上述激励措施的效果更为显著。由于增值税相对应的管理制度比较严格，因此通过增值税逃税非常困难。为规避潜在的逃税行为对计算结果的影响，本章借鉴 Cai 和 Liu（2009）的策略，根据国家收入核算系统核定公司利润。下面对其方法进行梳理拆解，Cai 和 Liu（2009）所提出策略遵循以下规范步骤：

$$Calc\ Profit_{ijt} \equiv Y_{ijt} - Med_{ijt} - FC_{ijt} - Wage_{ijt} - Dep_{ijt} - VAT_{ijt} \quad (4-4)$$

其中，$Calc\ Profit_{ijt}$ 表示城市 $i$ 中公司 $j$ 所估算出的利润，$Y_{ijt}$ 表示公司净产出，$Med_{ijt}$ 代表不包含财务费用的中间品投入，$FC_{ijt}$ 代表财务费用，$Wage_{ijt}$ 代表工资支付，$Dep_{ijt}$ 指代公司当期折旧，$VAT_{ijt}$ 指代增值税额。

$$Calc\ CIT\ Rate_{it} \equiv \frac{\sum_{j=1}^{N} Reported\ CIT_{ijt}}{\sum_{j=1}^{N} Calc\ Profit_{ijt}} \quad (4-5)$$

本章使用 $Calc\ CITRate$ 替换等式（4-1）中的专项转移支付，并在表 4-5 的第二列中列示结果。结果显示，上述替换并不会对地方有效税率产生明显变动。由此推定，政府支出冲击并未伴随地方税收负担得变化。这一结果与 Dahlberg 等（2008）相一致。

此外，对货币联盟使用跨区域分析可差分排除货币政策响应的作用效果，本章聚焦的财政冲击限定于具有暂时性、非税收融资、无货币政策响应的政府支出冲击。

### （三）估计地方政府财政乘数

由于地方政府收到的额外中央政府资金需要在同一财政年度支出，因此，政治关联有助于识别地方政府支出受到的外部冲击。为实现估计地方财政乘数的核心目标，本章借鉴 Nakamura 和 Steinsson（2014）、Chen（2017）的策略：

$$\frac{GDP_{it} - GDP_{it-1}}{GDP_{it-1}} = \alpha + \beta \frac{G_{it} - G_{it-1}}{GDP_{it-1}} + X_{it}\vec{\theta} + \gamma_t + \delta_i + \varepsilon_{it} \qquad (4-6)$$

其中，$GDP_{it}$ 代表城市 $i$ 在年份 $t$ 中的实际 GDP，$G_{it}$ 代表当地政府实际预算，$X_{it}$ 是一个包含城市化率、人口数量以及土地面积（行政区域）的向量。加入上述控制变量的原因意在排除其对实际 GDP 增长和 G 增长产生的影响。$\gamma_t$ 和 $\delta_i$ 分别代表年份和城市固定效应。参数 $\beta$ 捕获的是地方政府支出的产出乘数。

对各个变量的交织影响而成的因果图进行梳理，GDP 增长和政府支出间存在相互作用的关系，使得通过等式（4-6）的单向因果性受到挑战。在之前结果的基础上，本环节采用 IV 估计法。工具变量的组成成分如下：$Minister_i \times D03_t$ 指示 2003 年城市与部长更换之间的政治关联的哑变量。$Minister_i \times tenure_{t-2002}^2$ 表示 2003 年后新任部长任职时间；$transfer_{it-1}$ 指代城市 $i$ 收到专项转移支付的滞后项。

如若所在城市 $i$ 是 2002 年年底至 2003 年年初任命部长的家乡，则 $Minister_i$ 赋值为 1，否则 $Minister_i$ 赋值为 0。$D03_t$ 为时间哑变量，在 2003 年后取值为 1，2003 年前取值为 0。2003 年新任命的部长与城市收到的专项转移支付拨款相关，因此，也与地方政府支出相关。$Minister_i \times D03_t$ 刻画部长对专项转移支付的影响。$tenure_{t-2002}$ 衡量自任命以来担任部长职位的时长。由于部长所在城市接收额外转移支付呈现倒"U"形模式（图 4-2），因此加入二次项 $Minister_i \times tenure_{t-2002}^2$ 以刻画上述特征。此外，文章针对被任命为部长与政客的家乡经济状况间的关联性。由此推定，上文构建的哑变量可作为地方政府支出合格的工具变量。最后，将专项转移支付的滞后项 $transfer_{it-1}$ 加入回归，哑变量能够反映新任部长对其家乡政府支出的一般性影响，滞后项则捕捉城市间的异质性特征。更为重要的是，专项转移支付的滞后项与财政支出的变化相关，但专项转移支付滞后项仅通过政府支出影响 GDP 增长，且当前 GDP 增长不会对专项转移支付的滞后项产生影响。综上所述，专项转移支付的滞后项可以作为一种合格的工具变量。本章使用两阶段最小二乘法（2SLS）计算财政乘数，分别在回归中使用上述 3 种工具变量。

表 4-6 中列示 2SLS 以及第一阶段的结果。正如 2SLS 模块中的第一列所示，在基准回归中 $\hat{\beta}$ 估计结果为 1.555，且当标准误聚类于城市层面时该系数在 5% 水平上显著。第一阶段 F 统计量结果排除存在弱工具变量的问题，也不存在识别不足的问题。此外，Hansen J 检验结果也排除过度识别的问题。在第二列中列示了样本中不包含黑河—腾冲线以西 6 个省份的回归结果。表 4-6 的第三列中使用 $transfer_{it-1}$ 替换 $transfer_{it-2}$ 作为工具变量，第四列通过使用较小的卡尺匹配（0.01）相异 PSM 样本以期检验 PSM 方法的稳健性。上述检验所估计财政乘数介于 1.197—1.940，进一步证实本章识别策略的严谨性以及结果的稳健性。

在 2SLS 法的框架下，估算地方财政乘数时需要谨慎选择工具变量以满足排他性约束假设。如果滞后专项转移支付存在独立于当期政府支出的影响渠道扰动 GDP，则推定滞后转移支付作为工具变量是不合格的。下文中，将分别通过两种策略检验转移支付的滞后项作为工具变量的合格性。第一步，证实转移支付的滞后项作为工具变量满足排他性约束；第二步，比对回归中使用竞争性工具变量估算财政乘数的结果。

本章将提供证实转移支付的滞后项作为工具变量满足排他性约束的支撑材料。使用专项转移支付滞后项作为工具变量的一个弊端在于可能存在持续多年的项目，在多年项目的设定下，尽管其中的专项转移支付是一次性分配到地方政府，但由于资金使用经历数年时间，第一年的转移支付将对当地 GDP 产生短期和长期双重影响。上述猜测在中国情境下是不成立的，因为专项转移支付的分配和使用都在一年中进行。根据财政部颁布的《政府间专项转移支付管理条例》，地方政府必须在特定年度内将配给的专项资金使用完毕，如果某些项目需要持续多年资金，应制度设置则需要在第二年申请新的转拨。Wang 和 Li（2018）也使用这一特征研究中国地方政府的支出模式。

采用专项转移支付的另一个隐患在于，一些项目需要多年的建设时间才能完成，且专项转移支付存在通过滞后的政府支出影响 GDP。为控制上

表 4–6　财政乘数估计

| | (1) | (2) | (3) | (4) | (5) | (6) |
|---|---|---|---|---|---|---|
| | $(GDP_t - GDP_{t-1})/$ $GDP_{t-1}$ | $(GDP_t - GDP_{t-1})/$ $GDP_{t-1}$ | $(GDP_t - GDP_{t-1})/$ $GDP_{t-1}$ | $(GDP_t - GDP_{t-1})/$ $GDP_{t-1}$ | $(GDP_t - GDP_{t-1})/$ $GDP_{t-1}$ | $(GDP_t - GDP_{t-1})/$ $GDP_{t-1}$ |
| $(G_t - G_{t-1})/GDP_{t-1}$ | 1.555** | 1.197** | 1.940* | 1.434** | 1.701** | 2.616*** |
| | (0.636) | (0.588) | (1.028) | (0.726) | (0.682) | (0.712) |
| Observations | 1519 | 1461 | 1325 | 1504 | 1323 | 1328 |
| IV | Minister × D03 | Minister × D03 Minister × Tenure$_{t,-2002}^2$ Transfer$_{t-1}$ | Minister × D03 Minister × Tenure$_{t,-2002}^2$ Transfer$_{t-2}$ | Minister × D03 Minister × Tenure$_{t,-2002}^2$ Transfer$_{t-1}$ | Minister × D03 Minister × Tenure$_{t,-2002}^2$ Transfer$_{t-1}$ | Minister × D03 Minister × Tenure$_{t,-2002}^2$ Transfer$_{t-1}$ |
| Two-way FE | Yes | Yes | Yes | Yes | Yes | Yes |
| $G_{t-2}$ and $C_{t-1}$ in Controls? | No | No | No | No | Yes | No |
| K-P rk LM Stat P-value | 0.000644 | 0.000671 | 0.00446 | 0.00127 | 0.00189 | 0.00148 |
| K-P rkWald F Statistic | 16.29 | 16.65 | 11.94 | 14.47 | 13.00 | 15.98 |
| Hansen J Stat P-value | 0.866 | 0.529 | 0.808 | 0.932 | 0.390 | 0.606 |
| Clustered at | City | City | City | City | City | City |

续表

一阶段回归结果

| | (1) | (2) | (3) | (4) | (5) | (6) |
|---|---|---|---|---|---|---|
| | $(G_t - G_{t-1})/GDP_{t-1}$ | $(G_t - G_{t-1})/GDP_{t-1}$ | $(G_t - G_{t-1})/GDP_{t-1}$ | $(G_t - G_{t-1})/GDP_{t-1}$ | $(G_t - G_{t-1})/GDP_{t-1}$ | $(G_t - G_{t-1})/GDP_{t-1}$ |
| Minister × D03 | 0.00473*** | 0.00484*** | 0.00451*** | 0.00429*** | 0.00653*** | 0.00535*** |
| | (0.00137) | (0.00140) | (0.00131) | (0.00138) | (0.00150) | (0.00145) |
| Minister × Tenure$_{t-2002}^2$ | -0.000335*** | -0.000348*** | -0.000341*** | -0.000331*** | -0.000158 | -0.000381*** |
| | (0.000116) | (0.000114) | (0.000109) | (0.000114) | (0.000110) | (0.000119) |
| 转移支付$_{t-1}$ | -0.00129*** | -0.00131*** | | -0.00124*** | -0.00121*** | -0.00110*** |
| | (0.000263) | (0.000267) | | (0.000277) | (0.000319) | (0.000243) |
| 转移支付$_{t-2}$ | | | -0.000919*** | | | |
| | | | (0.000305) | | | |
| Observations | 1519 | 1461 | 1325 | 1504 | 1323 | 1328 |

注:括号内数字为稳健标准误差。
\* $p < 0.1$,\*\* $p < 0.05$,\*\*\* $p < 0.01$。

述隐患，不改变所使用的工具变量的前提下，本章在基准回归的基础上将滞后一年和滞后两年的政府支出（$G_{t-1}$ 和 $G_{t-2}$）纳入控制变量，并在表4-6的第五列中列示结果。加入滞后政府支出的回归所估计财政乘数为1.701，在5%水平上显著，非常接近基准模型的估算结果（1.555）。为验证结果的稳健性，分别在回归中仅加入 $G_{t-1}$ 或 $G_{t-3}$、$G_{t-2}$、$G_{t-1}$。上述稳健性检验所得结果与主回归结果非常近似，故在文中略去。政府支出的滞后项截止于 $G_{t-3}$，本章并没有将滞后4年或4年以上的政府支出作为对照，加入上述滞后项会过多损失在2003年前的观察值。

下文的工作重心意在为考察在排除滞后项后乘数效应仍然存在这一论断提供支撑证据。回顾前文设定，前两个工具变量（$Minister_i \times D03_t$ 和 $Minister_i \times tenure_{t-2002}^2$）其解释力局限于新任部长对其家乡政府支出的平均影响。舍弃回归中的滞后转移支付项，其一，意味着失去度量城市间变化的重要变量；其二，2SLS 估计值可能会出现偏差。为消除估计中的偏差，本章借鉴 Cascio 等（2013）的方法，根据每个城市人口数量加权 2SLS 回归，上述策略的立足点在于人口数量是专项转移支付和政府支出的关键决定因素之一。基准回归中乘数的估算结果为2.408，对比结果发现财政乘数数值的增加。上述相关性事实传递出乘数效应在人口密集的城市更为显著的信息。判定上述结果具有合理性，原因有二。其一，中国人口众多的城市通常在产业链上较为发达，因此能够在当地消化消费扩张带来的需求增长。其二，人口密集程度高意味着本地存在更多可雇佣的劳动力，而这些工人也将从不断增长的需求中获益。上述两个因素都会导致人口更多的城市产生更大的乘数效应。为检验这一结果的稳健性，本章排除了黑河—腾冲线以西的省份，或使用异质性 PSM 样本与更小的卡尺匹配（0.01）上述稳健性检验与主回归估算结果相一致。

综上所述，无论是制度设计层面的考察还是经验性证据均为选择滞后转移支付作为工具变量提供支撑材料。由此推定，本章地方财政乘数的 2SLS 估计是有效且准确的。

提出问题：部长的更换是否存在被预测的可能性？

问题回应：Snyder 和 Welch（2017）提出一个创新性观点，指出 Cohen（2011）中忽略企业对国会主席席位变化产生转移支付增加的预期做出长期反应的可能性，并提出应通过重新编码处理哑变量的策略进行安慰剂检验。此外，县市层级政府也会对新任命部长的预期作用产生响应。为检验是否存在上述预期效应，本章设计相应的预处理检验。预处理检验的流程拆解如下：

第一步，考察地方政府层级是否存在提前的响应。为检验上述假说，本章使用预处理样本，即 2003 年前的数据进行分析。首先需要证明，地方政府可以提前 3 年预期新部长的任命。如果上述假说成立，新任部长的家乡的响应体现在为吸引更多专项转移支付拨款所做的准备。基本的影响机制如下，地级市政府会对手头的项目进行筛选，其中在未来预期获得政府专项转移支付的项目会在起步阶段获得来自地方政府较大的资金投入。为测试上述待验证假说，本章使用 $Minister_i \times D00_t$，$Minister_i \times tenure_{t-1999}^2$ 和 $transfer_{it-1}$ 构建新的工具变量集。其中，$D00_t$ 是一个哑变量，在 2000 年后赋值为 1，也就是部长任命 3 年前过后赋值为 1；$tenure_{t-1999}$ 表示在 2000 年预期会被任命为部长的前提下，截至 $t$ 年担任部长的年数。本章舍弃了 2003 年以及往后的观察值，以规避真正任命部长产生的直接影响。本章在回归 6 中使用上述 3 组工具变量，表 4-7 的第一列报告了 2SLS 以及第一阶段的估算结果。列示结果如下，$Minister_i \times D00_t$ 以及 $Minister \times tenure_{t-1999}^2$ 在第一阶段并不显著，且 K-P 的 F 统计量小于 10，表明家乡城市不存在提前增加特定项目资金投入的行为。本章还对新任部长的任命是否可以提前一年或两年被预测进行检验。如表 4-7 所示，工具变量的第一阶段系数并不显著，K-P 的 F 统计量小于 10，表明不存在预期效应。

第二步，本章考察企业是否存在潜在的预期效应。为回应上述研究问题，本章构建以下回归模型：

$$Y_{it} = \alpha + \beta Minister_i \times D00_t + X_{it} \vec{\theta} + \gamma_t + \delta_i + \varepsilon_{it} \quad (4-7)$$

使用 $\log(GDP_{it})$ 替换 $Y_{it}$，$D00_t$ 为在前文中已进行阐述定义的哑变量；$X_{it}$ 是一组城市层级的控制变量，其中包括政府收入、城市化率、人口

表 4-7　　预期效应：地方政府

| | (1) $(GDP_t - GDP_{t-1})/GDP_{t-1}$ | (2) $(GDP_t - GDP_{t-1})/GDP_{t-1}$ | (3) $(GDP_t - GDP_{t-1})/GDP_{t-1}$ |
|---|---|---|---|
| $(G_t - G_{t-1})/GDP_{t-1}$ | -0.369 | -0.388 | -0.319 |
| | (0.957) | (0.958) | (0.964) |
| Observations | 644 | 644 | 644 |
| IV | Minister × D00　Minister × PTenure$_{t-2000}^2$　Transfer$_{t-1}$ | Minister × D01　Minister × PTenure$_{t-2001}^2$　Transfer$_{t-1}$ | Minister × D02　Transfer$_{t-1}$ |
| Two-way FE | Yes | Yes | Yes |
| City-level Controls | Yes | Yes | Yes |
| K-P rk LM StatP-value | 0.275 | 0.216 | 0.115 |
| K-P rk Wald F Statistic | 2.119 | 2.435 | 3.412 |
| Hansen J Stat P-value | 0.320 | 0.233 | 0.255 |
| Clustered at | City | City | City |

一阶段回归

| | (1) $(G_t - G_{t-1})/GDP_{t-1}$ | (2) $(G_t - G_{t-1})/GDP_{t-1}$ | (3) $(G_t - G_{t-1})/GDP_{t-1}$ |
|---|---|---|---|
| Minister × D00 | 0.00102 | | |
| | (0.00249) | | |
| Minister × D01 | | -0.000647 | |
| | | (0.00308) | |
| Minister × D02 | | | -0.00278 |
| | | | (0.00179) |
| Minister × PTenure$_{2000}^2$ | -0.000441 | | |
| | (0.000313) | | |
| Minister × PTenure$_{2001}^2$ | | -0.000647 | |
| | | (0.000794) | |
| 转移支付$_{t-1}$ | -0.00226** | -0.00226** | -0.00226** |
| | (0.000956) | (0.000958) | (0.000952) |
| N | 644 | 644 | 644 |

注：括号内数字为稳健标准误差。

*$p<0.1$，**$p<0.05$，***$p<0.01$。

和土地（行政面积）；$\gamma_t$ 和 $\delta_i$ 分别捕捉年份和城市固定效应；$\varepsilon_{it}$ 代表随机扰动项。如果公司事先做出反应，则 $Minister_i \times D00_t$ 估计系数应显著。参考表 4-8 第一列中汇报的结果，估计系数 $\beta$ 与 0 没有显著差异，上述特征性事实表明不存在预期效应。此外，将 $D00_t$ 替换为 $D02_t$ 或 $D01_t$，所得结果仍然稳健。

表 4-8　　　　　　　　　预期效应：企业

|  | (1) lnGDP | (2) lnGDP | (3) lnGDP |
| --- | --- | --- | --- |
| Minister × D00 | 0.00710 | | |
|  | (0.0188) | | |
| Minister × D01 | | 0.0163 | |
|  | | (0.0147) | |
| Minister × D02 | | | 0.0170 |
|  | | | (0.0139) |
| 财政收入 | 0.00306*** | 0.00301*** | 0.00302*** |
|  | (0.000987) | (0.000983) | (0.000988) |
| 城镇化率 | 0.154 | 0.146 | 0.154 |
|  | (0.205) | (0.203) | (0.202) |
| 人口 | -0.717* | -0.700* | -0.715* |
| (10 人) | (0.413) | (0.411) | (0.409) |
| 土地面积 | 0.00880 | 0.00863 | 0.00898 |
| ($10^4$ 平方千米) | (0.0154) | (0.0153) | (0.0155) |
| _cons | 14.60*** | 14.60*** | 14.60*** |
|  | (0.177) | (0.177) | (0.177) |
| Observations | 832 | 832 | 832 |
| Within $R^2$ | 0.854 | 0.855 | 0.855 |
| Two-way FE | Yes | Yes | Yes |
| Clustered at | City | City | City |

注：括号内数字为稳健标准误差。

* $p<0.1$，** $p<0.05$，*** $p<0.01$。

由上述支撑材料可推定，地方政府和公司两个部门都不会对部长的任命这一事件在预期层面做出响应。

本章所得财政乘数数值大于 1。这个结果是否偏大？为回应上述疑问，本章在表 4-9 中梳理总结了聚焦财政乘数主题的实证研究结果。其中，多数实证研究结果支持中国财政乘数大于总体水平。一个具体的例子，Wang 和 Wen（2019）在省级数据的基础上采用 VAR 法估计，所得即期地方财政乘数为 2.83，长期财政乘数为 6.51。Zhang 等（2019）使用阈值结构 VAR 模型估计中国国家财政乘数，估算结果财政乘数介于 1.01—3.03。Zhang（2019）使用局部投影法，估算省级政府财政支出财政乘数介于 1.2—1.6。Zhang（2018）所呈现的事实是，地方政府往往在每个财政年度末期花费超额支出，以将地方财政乘数从 1.17（即期）提高到 3.71（累积一年）。Jeong 等（2017）估算结果也支持中国财政乘数大于 1 的论断，Shi 和 Fukushige（2015）所估算中国财政乘数介于 0.61—4.93，均值为 1.93。相比之下，Guo 等（2016）基于中国政府对极低收入县政府间赠款的特定特征得出较小的财政乘数。Guo 等（2016）与其他研究的核心区别在于，他们估算了特定一组县（即全国贫困县）的地方财政乘数。国家贫困县是极其不发达的县，由于税收非常有限，这些县会有机会获得来自中央拨付的更多专项转移支付，以平衡地方政府间基本职能的差异。贫困县的经济状况与其他县相比具有很显著的异质性。在中国财政乘数这支文献中，本章估算结果与很多研究估计值处于同一区间，这意味着中国地方政府通过扩大财政支的影响渠道对经济增长能够产生显著的刺激作用。

表 4-9    文献中对中国财政乘数的估计

|  | 财政乘数 |
| --- | --- |
| Wang 和 Wen（2019） | 2.83—6.51 |
| Zhang 等（2019） | 1.01—3.03 |
| Zhang（2019） | 1.2—1.6 |
| Zhang（2018） | 1.17—3.71 |
| Jeong 等（2017） | >1 |
| Shi 和 Fukushige（2015） | 0.61—4.93 |
| Guo 等（2016） | 0.6 |

### （四）估计溢出效应

正如 Nakamura 和 Steinsson（2014）、Chodorow‐Reich（2017）以及 Dupor 和 Guerrero（2017）所达成的共识，估算地方财政乘数只能向决策者传递出政府支出在不同地区的相对影响，而不一定能揭示关乎总体影响的信息。这是源于地方财政乘数忽略潜在的溢出效应。例如，如果一个地区的刺激性政府支出致使工人从其他城市移民至此，负溢出效应将导致总财政乘数被过高估计。因此，合理量化地方政府政府支出效应是至关重要的。

在本节中，针对地方政府支出对地理邻近城市是否存在溢出效应进行了全面考察。为量化地方政府支出的溢出效应，重要的是确认其周边城市是否也获得了额外的专项拨款。

转移支付的溢出效应。首先，本节考察了其邻近城市是否也会收到更多的专项转移支付。为此，沿用原有的 DID 框架。在原有基准 DID 回归的基础下，将新任命部长的家乡作为处理组。本章使用原有回归中的处理组的地缘毗邻城市构建新的处理组，并从样本中剔除原始的部长家乡城市。本章首先通过估算如下回归以检验邻近城市是否能够获得额外的专项转移支付。

$$Trans_{it} = \alpha + \beta Neighborcity_i \times D03_t + X_{it}\vec{\theta} + \gamma_t + \delta_i + \varepsilon_{it} \qquad (4-8)$$

$Neighborcity_i$ 是一个哑变量，当城市 $i$ 为部长家乡的地缘毗邻城市，则赋值为 1。$X_{it}$ 中包含人均 GDP、人口数量以及土地（行政区域）、城镇化率和政府收入。核心参数 $\beta$ 的经济学含义可解读为捕捉新任部长的任命冲击对其家乡邻近城市获得专项转移支付拨付的影响。表 4-10 的第一列列示，由于新任部长的任命冲击，地缘毗邻城市也收到了额外的专项转移支付，但相比部长家乡而言增加的规模较小。

在接下来的两列中，将邻近城市划分为两组：与部长家乡位于同一省份内的邻近城市（第二列）以及位于新部长故乡以外的邻近城市（第三列）。研究发现，转移支付的溢出效应仅局限于同省范围内。针对上述特

表 4-10　　　　　　　　　溢出效应：转移支付

|  | (1) 转移支付 | (2) 转移支付 | (3) 转移支付 | (4) 转移支付 |
| --- | --- | --- | --- | --- |
| Neighborcity × D03 | 7540.7** | 11639.6*** | -7148.8 |  |
|  | (3670.4) | (3693.4) | (6724.6) |  |
| Neighborcity2 × D03 |  |  |  | 7919.8 |
|  |  |  |  | (6179.0) |
| 财政收入 | 0.0248 | 0.0192 | 0.0161 | 0.0244 |
|  | (0.0257) | (0.0250) | (0.0267) | (0.0237) |
| 人均GDP | -0.935*** | -0.846*** | -0.812*** | -1.094*** |
|  | (0.308) | (0.290) | (0.303) | (0.308) |
| 城镇化率 | -16759.2 | -17751.0 | -14059.0 | -16659.1 |
|  | (15462.6) | (15513.4) | (15822.1) | (15102.0) |
| 人口 | 480.3*** | 494.6*** | 465.0*** | 542.1*** |
|  | (102.9) | (102.5) | (110.6) | (123.0) |
| 土地面积 | 1.103 | 1.088 | 1.082 | 2.708** |
|  | (1.395) | (1.414) | (1.377) | (1.311) |
| _cons | -160715.7*** | -166240.1*** | -154997.5*** | -197858.0*** |
|  | (40321.0) | (40468.8) | (41976.5) | (40886.8) |
| Observations | 1925 | 1869 | 1727 | 1565 |
| Within $R^2$ | 0.759 | 0.761 | 0.755 | 0.747 |
| Two-way FE | Yes | Yes | Yes | Yes |
| Clustered at | City | City | City | City |

注：括号内数字为稳健标准误差。
*$p<0.1$，**$p<0.05$，***$p<0.01$。

征性事实的一个合理解释是，存在一些由专项转移支付资助的项目是跨地区项目。由于各省间邻近城市间转移支付存在正向的溢出效应，针对上述现象提出的研究问题是部长的家乡获得额外转移支付是否源于省级政府对拨款进行重新分配。如果上述假说成立，则部长家乡所在省份其他城市获得的专项转移支付资金会减少。为回应上述质疑，本章选取邻近城市的省内邻居（不妨称之为"二阶"近邻）构建处理组，并从样本中剔除部长家乡及其邻近城市的省内邻居。在 DID 的基础框架下，使用新的处理组进行回归分析，标记为回归 8。第四列显示，这些"二阶"近邻收到的转移支付不会受到部长任命的影响，证实了省级政府不具有在地级市间划拨资金的权力。

本章研究专项转移支付所产生的溢出效应是否会影响财政乘数的估计。如表 4-10 第一列所示，一阶近邻城市接收到的额外转移支付规模远小于部长家乡城市（仅约 55%）。为简化，本章直接将一阶近邻城市从样本中剔除，并重新估算财政乘数。表 4-6 的第六列汇报财政乘数为 2.616，在 1% 水平上显著，大于基准估计值（1.555）。使用 2-IV 方法估计财政乘数时，也将一阶近邻城市从样本中剔除。剔除样本后估算财政乘数结果与 2-IV 的基准回归结果相比增大。上述结果与本章对转移支付溢出效应的分析相一致，从经济学直觉的视角解读，将近邻城市剔除后，部长家乡与非部长家乡间的差距扩大，因此乘数效应得到了放大。

政府支出的溢出效应。家乡城市政府支出的增加是否会影响地理邻近城市 GDP 增长。由于近邻城市在溢出效应中受益最大，上述做法将揭示地方政府支出将如何影响其他城市。受到 Dupor 和 Guerrero（2017）的启发，本章构建 $\widetilde{G}_{it}$ 以评估新任部长对邻近城市的潜在溢出效应。对于那些与部长家乡邻近的城市，$\widetilde{G}_{it}$ 是年份 $t$ 中部长家乡政府实际支出。例如，当城市 $j$ 是新任部长的家乡，城市 $i$ 是其近邻城市，则 $\widetilde{G}_{it} = G_{jt}$。对于任何与部长家乡属于非近邻关系的城市，$\widetilde{G}_{it}$ 均赋值为 0。在定义 $\widetilde{G}_{it}$ 时，可能会遇到一个城市同时与多个部长家乡相近邻的情形，本章的处理方法是在样本中剔除上述城市。此外，所有部长的家乡也被剔除在外。具体回归如下：

$$\frac{GDP_{it} - GDP_{it-1}}{GDP_{it-1}} = \alpha + \beta \frac{G_{it} - G_{it-1}}{GDP_{it-1}} + \varphi \frac{\widetilde{G}_{it} - \widetilde{G}_{it-1}}{GDP_{it-1}} + X_{it}\vec{\theta} + \gamma_t + \delta_i + \varepsilon_{it}$$

(4-9)

核心参数 $\varphi$ 刻画部长家乡的政府支出对邻近城市 GDP 增长的影响，其经济学含义可解读为对政府支出的溢出效应的衡量。核心参数 $\beta$ 表示常规财政乘数。如果政府支出存在溢出效应,则 $\hat{\varphi}$ 是正的且显著的,同时 $\hat{\beta}$ 与先前估计值相比较小。$X_{it}$ 中包括人口数量、城市化率以及土地（行政区域）。$\frac{G_{it} - G_{it-1}}{GDP_{it-1}}$ 的纳入捕获的是一种增长效应,其源于城市 i 由额外转移支付引起的自身政府支出变化。所采用工具变量为 $NeighborCity_i \times D03_t$,$NeighborCity_i \times tenure_{t-2002}^2$ 以及 $transfer_{it-1}$。如表 4-11 第二列所示,等式 (4-9) 的估计结果显示参数 $\hat{\varphi}$ 并不显著,表明不存在政府支出的溢出效应。关于财政乘数的估算结果,$\hat{\beta}$ 的估算值落在先前回归所得结果估计范围内。在第一列中,本章将近邻城市限定于部长所在省份内的城市,所得结果与上文一致。本章分析结果表明,在近邻城市间不存在政府支出的溢出效应,这意味着本章所估算的地方财政乘数可解读为总乘数。回顾相关文献族,使用总体时间序列数据的研究发现,中国财政乘数高于总体水平。例如,Wang 和 Wen（2019）研究发现,总产出财政乘数介于 2.7—5.5、总消费财政乘数介于 0.5—2.4、总投资财政乘数介于 1.2—3.6。Zhang 等（2019）发现在其研究窗口内,累积 1 年财政乘数均大于 1,累积 2 年财政乘数可高于 3。因此,本章对中国总体政府支出乘数的研究结果基本符合学界的论断。

表 4-11　　　　　　　　溢出效应：财政支出与乘数

| | (1) $(GDP_t - GDP_{t-1})/GDP_{t-1}$ | (2) $(GDP_t - GDP_{t-1})/GDP_{t-1}$ |
|---|---|---|
| $(G_t - G_{t-1})/GDP_{t-1}$ | 1.272** | 1.203** |
| | (0.523) | (0.571) |
| $(G_t^{neighbor} - G_{t-1}^{neighbor})/GDP_{t-1}$ | -0.493 | -0.0598 |
| | (0.565) | (0.484) |
| Observations | 1561 | 1609 |
| IV | Neighborcity × D03 | Neighborcity × D03 |
| | Neighborcity × $Tenure_{t-2002}^2$ | Neighborcity × $Tenure_{t-2002}^2$ |
| | $Transfer_{t-1}$ | $Transfer_{t-1}$ |

续表

| | (1)<br>$(GDP_t - GDP_{t-1})/GDP_{t-1}$ | (2)<br>$(GDP_t - GDP_{t-1})/GDP_{t-1}$ |
| --- | --- | --- |
| Two-way FE | Yes | Yes |
| City-level Controls | Yes | Yes |
| K-P rk LM Stat P-value | 0.00000827 | 0.00000324 |
| K-P rk Wald F Statistic | 32.80 | 28.59 |
| Hansen J Stat P-value | 0.951 | 0.399 |
| Clustered at | City | City |

注：括号内数字为稳健标准误差。

$*p<0.1$，$**p<0.05$，$***p<0.01$。

针对上述特征性事实提出一个合理的待验证假说，或许财政支出的溢出效应的接受对象并不是邻近城市，而是其他地理层面上不相邻的城市。但作者没有获取城际贸易数据的渠道，因此无法检验上述假说，文章的框架中还存在一定待完善与补充的空间。由于地理上相邻近的城市或许并不能等同于经济贸易层面密切往来的城市，因此上文的分析框架或许疏忽了潜在政府支出溢出效应的接受者。但本章的研究主题以及分析框架所带来的边际贡献至少来自两方面：

其一，地缘邻近城市间是否存在财政溢出效应的研究主题本身具有一定研究价值。近邻城市间的财政溢出效应的检验在操作上具有便捷性，且在数据获取层面门槛较低。上述假说检验的回归结果支持地缘近邻城市间不存在财政溢出效应的论断，为后续将地方财政乘数视作总乘数提供重要的支撑材料。

其二，提出地缘近邻城市的概念，能够捕捉包括贸易活动在内的绝大部分城际经济活动。上述论断的支点在于，对中国而言，绝大多数相邻城市都位于同一个城市圈内。城市圈的范围大到长三角都市圈，小至省内圈群，均由中央政府划定以促进区域经济发展合作。从惯常的经济学直觉角度，一个集群内的城市在地理层面上相互毗邻，地缘优势致使这些城市在悠久的历史长河中互相交织着密集的经济往来活动，因此区域经济学的概念指出，集群内的城市的发展具有明显的互补性。这意味着周边城市具有很高可能性成为部长家乡城市重要的贸易往来伙伴。通过证明地缘邻近城市间不存在财政溢出效应，可合理推广本章结论，即存在经济往来的城市间也不存在财政溢出效应。

## 四、结语

本章的主要工作是将中国国务院部长变动作为自然实验，其边际贡献在于从多个维度考察了地方政府支出对经济增长的影响。本章的主结论是，新任命的部长使其家乡获得的专项转移支付增高19%。本章将政府高层人事变动作为外生冲击以识别地方政府支出变化，核心目标是计算地方政府财政乘数的大小。估算结果表明，市级政府的地方财政乘数介于1.197—1.940，且财政支出不存在显著的溢出效应。本章额外的工作，证实了新任部长任命对其家乡城市财政扩张现象具有暂时性，且不会伴随当地有效税率的变动。综上所述，本章关注的政府支出扩张具有短期、非税收融资和非货币政策响应的性质。

Chodorow-Reich（2017）指出，基于横截面乘数的实证研究的重要分支是涉及自然实验的实证研究，文章结果显示，采用自然实验的实证研究显示地方政府支出增加并没有伴随地方税收负担变重。本章在文献束层面也可划归于上述领域，且本章结论支持政府支出冲击并未伴随地方税收政策变化的论断。

Chodorow-Reich（2017）所提出的另一个重要研究主题是，在忽略货币政策响应的前提下，对比赤字融资和国家财政乘数的区别。文章提出，地方财政乘数和国家财政乘数间的差距或许可归因于政府支出存在潜在跨地区溢出效应。尽管数量丰富的文献将研究主题聚焦于地方财政乘数，但其中鲜有关注量化财政溢出效应的文章。而本章的文献边际贡献正是回应了上述研究问题，并提供一套清晰明确的研究证据。在同一货币联盟内，进行跨区域分析具有差分排除货币政策影响的效果。因此，本章所呈现的国家财政乘数信息，净化过滤了货币政策响应作用。

　　此外，本章针对发展中国家的财政政策和宏观经济稳定的研究主题也具有边际贡献。作为新兴经济体，中国的宏观经济稳定对全球经济增长至关重要。了解财政政策是否能够有效刺激中国经济，特别是在当前不确定的世界贸易格局下，对于世界各国的决策者来说都是至关重要的。本章的实证分析正回应了这一紧迫的实际需求。

# 第五章　新冠肺炎疫情冲击下的财政政策思考

新冠肺炎疫情冲击给世界经济形势带来了重大影响，同时也给学术界带来了新的思考。那么，面对新冠肺炎疫情，财政政策应该如何发挥作用？本章就以上问题进行了思考。

## 一、新冠肺炎疫情期间的财政政策思考一：短期损失不可避免，要竭力防止留下后遗症

疫情来势汹汹，短期来看对中国经济造成的打击几乎不可避免，但长期来看，疫情终将过去，竭力避免疫情冲击带来的长期经济影响，应该是政策关注的重点。从需求端的角度，我们可以把消费分成3类：耐用品消费、非耐用品消费和服务。这3类消费受到的疫情冲击影响是完全不同的，与之对应的企业面对的困难也不一样，因此，政策也需要有针对性的调整。

第一，由于基本生活需求和消费平滑的动机存在，非耐用品消费需求并不会因为疫情的到来而下降太多，反而由于"预防性囤货"动机的存在，导致这一部分消费需求短期内会上升。目前来看，囤货动机会导致商品终端价格上涨，影响消费者福利，解决的办法是尽快恢复物流，开辟必需品物流专用通道，短期内减免物流车辆通行费、物流企业税费等政策。当市场上时刻有充足的货源时，囤货动机可以消除大半。

第二，耐用品消费。此类消费需求受疫情影响可能会被延迟，疫情过后会逐渐恢复。这里面关键的一点是，恢复的时间要多久。从我与合作者对汽车产业的相关研究来看，短期需求下降的多少取决于消费者对未来经济的预期，而需求恢复的快慢取决于消费者预期恢复的快慢。从这一点来看，及时的信息披露和政策的前瞻性指引非常重要。对企业来讲，能否承受住短期的需求冲击非常关键，这就要求实施短期的政策托底、注资、定向低息贷款等政策，向银行体系注入流动性的同时，要进行窗口指导，保证对中小企业不抽贷、不断贷，政策性银行必要时也可以作为托底政策实施的主体。

第三，服务业。服务业受到的打击无疑是最大的，因为商品的需求下降终将恢复，而服务业的需求没了就是没了。与"非典"时期不同的是，彼时我国服务业占比不高，而现在服务业占GDP的比重接近60%，并且其就业吸纳能力非常巨大。一旦服务业企业由于短期冲击而支撑不下去，带来的将是大量失业，进而可能导致长期的经济影响。因此，对服务业应该采取补损失、保就业的政策。疫情期间的免税、直接补贴、利息补贴、缓缴社保，对稳定就业的企业给予税收返还，疫情过后的低息定向贷款等政策都是可选的政策工具。

总而言之，政策要有针对性，针对不同行业、不同企业要对症下药，各地也要根据自身经济结构特点进行优化调整，目的是将疫情的经济影响控制在短期之内。

## 二、新冠肺炎疫情期间的财政政策思考二：不确定性冲击下的政策

本质上，当前全球经济面对的是多重因素带来的不确定性冲击。所谓不确定性冲击是指不确定因素的加剧，市场对未来没有明确的预期，简而言之是没有人知道未来会发生什么。在不确定性冲击的影响下，市场恐慌加剧，投资者通常采取更保守的现金为王的投资策略，消费者也会减少开

支,导致短期内剧烈的市场收缩。

那么,当前全球经济面对着哪些不确定性冲击?第一,新冠肺炎疫情的全球扩散情况。在中国举全国之力基本抑制了新冠肺炎疫情继续扩散的时候,病毒却相继在亚洲、欧洲、美洲等地四散开来,造成了全球性的紧张。疫情的可怕之处在于,没人知道其他国家是否能像中国一样将疫情控制住,也没人知道疫情会在什么时候结束,甚至没有人知道当前准确的全球感染人数。如此种种的不确定性笼罩着世界经济,使得市场预期变得模糊不清,未来难以预测。

第二,石油冲击的不确定性。2020年3月9日,随着石油输出国组织和俄罗斯的谈判破裂,沙特发动了石油战,在全球石油需求紧缩的情况下宣布降价增产,石油价格应声暴跌逾30%。沙特此举意在短时间内给予其他产油国以巨大的打击,迫使其回到谈判桌来。然而,这是一个"杀敌八百,自损一千"的策略,也给国际石油市场蒙上了一层不确定性的阴影。不确定性一方面体现在,究竟是沙特取得胜利,还是俄罗斯能够笑到最后;另一方面,此次谈判破裂意味着"欧佩克+"框架的失败,这使得本次事件之后,无论哪一方获胜,都会使未来国际石油市场的协调稳定框架进行新的调整。调整意味着拉锯,这无疑加剧了未来较长一段时间内的石油价格不确定性。石油不仅影响着实体经济,能源企业是非投资评级债券的最大发行主体,因此对信贷市场也会带来不小的冲击。

第三,新兴市场的不确定性。上一次金融危机和欧债危机时,全球经济仰仗以中国、印度等国为代表的新兴市场迅速增长而得以恢复。时至今日,新兴市场能否继续维持高增长的不确定性越来越大,除中国外的其他新兴市场国家的政府和医疗体系能否应对此次疫情亦未可知。这些因素叠加在一起使得经济复苏缺乏动力,更是加剧了不确定性冲击的影响。

不确定性冲击会带来哪些影响?不确定性冲击是近10年来宏观经济学领域研究的主要议题之一。简单来说,不确定性的加大,会使得投资者等待观望,停止经济活动。企业如果难以估计未来需求,会推迟新员工的招聘,暂缓新项目的投资;消费者如果对未来收入情况也不确定,则会暂停耐用品，特别是大件商品的消费。这使得短期内经济会经历一个巨大的衰退，耐用消费品行业受到的打击会远远超过其他行业。唯一值得宽慰的是，通常来说，不确定性冲击的半衰期在两个月之内；从中期的视角来看，不确定性冲击之后会迎来一波反弹，反弹的顶点甚至会超过冲击之前的水平。也就是说，市场会用不到两个月的时间收复一半的损失，中期甚至会创造新的顶点。因此，摆在政策制定者和投资者面前的策略是：稳住当下，放眼未来。

## 三、财政政策与"六稳"

党的十八大报告提出，财政是国家治理的基础和重要支柱，科学的财税体制是优化资源配置、维护市场统一、促进社会公平、实现国家长治久安的制度保障。党的十九大报告关于财税体制改革提出"深化税收制度改革，健全地方税体系"的要求。2018年7月31日，中共中央政治局召开会议，分析研究当前经济形势并部署下半年经济工作，会议首次提出"六稳"，即稳就业、稳金融、稳外贸、稳外资、稳投资、稳预期。同时，习近平总书记强调，"实体经济是一国经济的立身之本、财富之源"，"经济发展任何时候都不能脱实向虚"。因此，进行与时俱进的财税体制创新改革是必要的，是撬动服务实体经济发展，实现稳就业、稳金融、稳投资和稳预期的重要路径。

同时，在学术领域，对财政政策的经济稳定效果的研究也是经济学界自凯恩斯以来长期关注并持续探索的主题。对这一问题的研究之所以经久不衰，主要原因有如下两点：第一，自20世纪30年代以来，凯恩斯主义的财政政策已经成为各国政府平滑经济周期波动的主要工具并且政策成本高昂（李永友，2012；胡永刚和郭新强，2012；吴俊培和张斌，2013；王国静、田国强，2014；周波，2014；郭长林，2016a；郭长林，2016b）。特别是当经济陷入严重衰退的时期，耗资巨大的扩张性财政政策往往成为各国政府普遍采取的应对措施。例如，美国政府在2008年金融危机爆发后推出了"美国经济复苏与再投资法案",该经济刺激计划实际耗资高达8400亿美元,这一数字甚至高于"9·11"事件以来美国政府在伊拉克战场上的总支出(Dupor和Guerrero,2017)。中国政府在2008年底推出了"四万亿计划",其总规模更是达到了2009年GDP的11.5%。如此高昂的成本不仅给国家财政带来了巨大压力,也深刻影响着一国长期的经济发展。因此,财政刺激的实际效果如何,能不能有效的熨平经济波动?这成为政策制定者和经济学界共同关心,并且必须搞清楚的问题。2014年6月30日,中共中央政治局会议审议通过了《深化财税体制改革总体方案》,为建立统一完整、法治规范、公开透明、运行高效,有利于优化资源配置、维护市场统一、促进社会公平、实现国家长治久安的可持续的现代财政制度指明了方向。

研究趋势来看,对财政政策效果的研究逐渐从宏观经济视角转向了地方经济的角度。在研究方法上,传统的实证研究中,通常利用宏观数据,借助结构性向量自回归(SVAR)、叙事性方法(Narrative Approach)或符号约束法识别外生财政政策变动,进而推断财政政策对经济变量的影响(Blanchard 和 Perrotti,2002;Burnside 等,2004;Eichenbaum 和 Fisher,2005;Ramey,2011a;Mountford 和 Uhlig,2009;Ilzetki 等,2013;王文甫,2010;刘金全等,2014;储德银和崔莉莉,2014)。然而,这一类研究也面对着诸如无法捕捉政策预期、外生事件较少、弱工具变量等不同问题(Ramey,2011a;Dupor 和 Guerrero,2017)。近年来,财政政策领域研究的新趋势是借助地方政府在执行财政政策或地方财税体制创新上的差异,利用地区截面或面板数据测算财政政策对地方经济活动的影响(如,Chodorow-Reich 等,2012;Clemens 和 Miran,2012;Shoag,2012;Wilson,2012;Conley 和 Dupor,2013;Nakamura 和 Steinsson,2014;Serrato 和 Wingender,2016)。这一类方法的优势在于能够为研究者提供更多的观测变量和更丰富可信的工具变量,从而能够解决利用宏观数据研究的不足和局限性。进一步,类似研究区分级次(国家级、省级、州级、县市级、村级)通过财政乘数研究财政政策对地方经济的作用。

在稳就业方面，2019年中央经济工作会议指出，要深化财税体制改革，健全财政、货币、就业等政策协同和传导落实机制，实现经济增长和稳定就业的硬要求。各地方政府也发布了相应的稳就业政策。例如，2018年12月，四川省政府发布《关于做好当前和今后一个时期促进就业工作的实施意见》，要求通过实施财政补贴、失业保险调剂金、政府性融资担保等财税政策，支持稳就业这个"最大民生"问题。在理论方面，有研究认为，在一定条件下，财政紧缩会使工会对工资的要求适度下降（因为失业率增加，或者失业成本上升），这样减少了企业实际工资支出压力，刺激就业、投资和产出的增长。还有研究认为，财政稳固一般通过公共支出削减来实现，而非增税，尤其是调整转移性支出项目和削减政府的工资和福利等消费性支出，这些支出的削减一方面导致企业降低单位劳动成本，另一方面会降低市场利率，从而企业利润增加，导致私人投资的增加，从而带动就业市场（Alesina等，2002）。也有研究认为，政府支出的扩张政策冲击对消费和投资产生负效应，而对产出、就业和利率则产生正效应（黄赜琳，2005）。所以，在财税体制创新改革过程中，要灵活掌控财政收支的力度，逆周期调整，利用好积极的财政政策工具，才能更好地实现稳就业的目标。

人才是经济发展的根本，在稳就业工作中，大力吸引专业技术人才不仅可以盘活就业市场，也能为地方经济的长期经济发展打下坚实基础。根据中国经济发展的实际情况，应该重点吸引如下类型的人才：一是创业性人才。中国目前外出就业人口较多，有相当一部分人才在外地积累了丰富的工作经验和开阔的视野。应鼓励这部分人才返乡创业，以带动更多人本地就业。二是生产性服务业专业技术型人才。为配合生产性服务业高质高量的发展，应与国内知名的生产性服务性企业建立战略合作，引入生产性服务业专业技术人才，帮助培养相关产业人才。三是创新型人才。城市建设的发展，离不开创新型人才和企业，各地应效仿深圳等开放城市的做法，对创新型人才予以税收优惠等政策，以鼓励这一类型人才来发展。

在稳金融方面，2019年中央经济工作会议指出，财政政策、货币政策要同消费、投资、就业、产业、区域等政策形成合力，促进产业和消费"双升级"。同年12月，四川省省委经济工作会议也强调，要按照中央经济工作会议对政策合力的要求，加快财税、金融体制创新改革。而在实践中，"财政政策缺位、货币政策补位"的政策冲突较多，财政作为国有金融资产所有者越位和缺位并存，因此，财税体制创新改革对解决上述冲突，促进我国金融稳定十分必要。在理论上，很多研究发现，财政政策和货币政策联动，能够更好地稳定市场利率，同时调节居民消费（Woodford，2011；Christiano等，2011）。因此，进行财税体制创新改革，一方面，可以通过收支调节市场主体行为，从而调整经济发展状态；另一方面，由于宏观经济调节的需要，财税政策的制定、落实可以整合、协同，甚至是倒逼货币政策的适应性调整，比如公共债务、财政赤字政策的改革会促进货币量化宽松政策进行优化，从而通过实施可控的财税体制创新改革促进金融政策、金融体制和金融市场的稳定。

在稳投资方面，《关于规范金融企业对地方政府和国有企业投融资行为有关问题的通知》（财金〔2018〕23号）等一系列文件加强了财政资金和政府投融资监管，规范了公共投资以及市场投资行为。这之前，《四川省人民政府关于印发促进经济稳定增长和提质增效推进供给侧结构性改革政策措施的通知》（川府发〔2016〕17号）还提出，通过安排专项财政资金，对企业压减落后过剩产能和技术改造、技术创新投资进行补贴，促进投资提质增效。在理论上，有研究认为，适当的财政紧缩政策，包括削减公共支出等，可以减少企业实际支出压力，刺激投资和产出的增长。也就是说，财政巩固或者称紧缩的财政政策有可能增加私人消费和投资的需求。与此对应，实施扩张性财政政策会产生挤出效应，对投资产生负效应（黄赜琳，2005）；陈浪南、杨子晖（2007）分析了1980—2003年中国政府支出和政府融资与私人投资的关系，发现政府的公共投资挤进了私人投资，社会文教费的支出挤出了私人投资；而税外费用融资减少了私人投资，货币融资促进了私人投资。总之，财税体制创新改革可以对公共投资、市场投资产生影响，财税政策的逆向调节机制是稳投资的重要模式，无论是挤入投资还是挤出投资。

在稳预期方面，2015年6月，《四川省深化财税体制改革总体方案》提出建立统一完整、科学规范、公开透明、运行高效，有利于优化资源配置、维护市场统一、促进社会公平、推进四川科学发展加快发展的可持续的现代财政制度的总体目标。同时，《川南经济区"十三五"发展规划》中明确将财政金融体制创新与供给侧改革深度融合，落实中央和四川省的围绕增值税、企业所得税和个人所得税等相关税种的减税政策，长期、持续和一致的财税政策可以稳定李嘉图式市场主体对经济发展的理性预期。在理论上，风险溢价和不确定性学说认为，财政扩张导致高负债率，增加了风险升水，进而通过利率增强了挤出效应，这种情况下，尽管存在未来收入的不确定性，但如果暂时性的财政扩张并承诺未来的削减是可信的，政府收紧财政政策以降低利率，则可以促进消费和投资（Bloom N，2009）。20世纪80年代后，很多OECD国家及欧洲国家因严重的债务危机和巨额的财政赤字而进行大型财政调整，当经济中出现理性预期效应时，具有前瞻性的投资和消费在预算巩固前上升，补偿了财政削减对需求直接的影响，这些财政巩固预算事件的经验证据表明紧缩财政政策的扩张效应（Alesina和Ardagna，2010），也就是说，消费和投资依赖于家庭和企业对政府财政政策的预期和信任程度，取决于财政政策的持久性，否则李嘉图效应很可能会发生，财政扩张政策可能是无效的，甚至相反。Ramey引入了"零利率下限"机制，Eggertsson（2010，forthcoming）；Christiano、Eichenbaum和Rebelo（2011）；Woodford（2011）在新凯恩斯模型框架下分析了该机制下仍存在螺旋式通货紧缩时，赤字融资的政府支出增加会导致预期通货膨胀的上升，但是如果此时名义利率保持不变，会导致实际利率下降，从而会刺激经济活动增加，因此，经济衰退期的政府支出效应要高于扩张期（Auerbach等，2012）。因此，进行财税体制创新改革，并在实践中贯彻落实，可以形成持久、一致和稳定的财税政策预期，进一步优化财税政策的经济效应。

进入2020年，一场新冠肺炎疫情打乱了我国乃至全球的经济正常运行,"六稳"局势更加紧迫。在本次疫情爆发阶段,暴露出了我国公共治理方面的一些短板和不足。财税体制创新应该以补短板为重心,着力解决本次疫情暴露出来的问题,助力"六稳"工作的推进。

本次疫情中暴露出的短板体现在如下几方面:第一,公共服务供给不足。例如,必要的医疗卫生机构的医护人员和床位都相对缺乏,难以抵御突如其来的冲击导致的医疗资源挤兑现象。第二,物资储备不科学。本次抗击疫情中必需的医用防护口罩、防护服、护目镜等资源储备不足、初期产能不足,导致抗疫初期的医护人员和普通民众防疫物资缺乏,间接地扩大了疫情扩散情况。第三,社区治理能力不足。疫情防控措施的重中之重是落实到社区层面。只有社区治理能力、信息能力、配套能力到位,才能严格地实现有效隔离。本次疫情中,凸显了我国社区资源无论是人力还是物力方面,都暴露出了严重不足。第四,地方活力不足。疫情发生初期部分地区捂盖子和被动应对,以及在中央部署加快复工复产后的观望态度,都反映出地方活力的下降,产生了不作为就是不犯错的倾向。

第三产业就业吸纳能力较大,受本次新冠肺炎疫情打击最大的无疑也是第三产业。因此,新冠肺炎疫情后的稳就业措施应该首先聚焦于对第三产业的支持上。首先,在第三产业中,个体工商户占据了重要的份额。为降低疫情对个体工商户的负面影响,中央及地方各级政府已出台了多项措施,包括减税、减免社保等政策。在此基础上,鉴于房租成本是个体工商户整体成本的重要部分,各级政府可以出台房租减免抵扣企业或个人所得税的政策,鼓励企业和个人房东减免个体工商户的房屋租金。其次,通过发放服务业消费券,在疫情防控的基础上,鼓励服务业消费,稳定服务业就业。最后,通过减税、减土地租金等手段,进一步鼓励生产性服务业,在稳就业的同时,打造新的经济增长点。此外,本次疫情爆发暴露出了我国社区治理能力不足的短板。应该以此为契机,通过补充社区治理的人力、物力等措施提高社区治理能力,同时也有助于帮助稳定就业。

基于上述分析,笔者认为,地方财税体制改革应该以补短板为重心,加强地方治理能力,助力"六稳"工作。财税体制改革应从如下几方面出发，补短板，助力"六稳"。第一，加大关键基本公共服务投入。一方面，要加强医疗领域的公共服务投入，加大社区医疗体系建设；另一方面，要加强教育和科研领域投入。医疗体系的建设离不开人力资本投资和科技水平的进步。可以抓住市校合作的契机，吸引大学医学院等地区内优质医疗资源办医办学。一方面帮助宜宾迅速建立起更完善的医疗体系，另一方面也有助于培养医疗人才，并且吸引人才留在宜宾。第二，科学调整战略储备。遵从预防性储备策略，建立从物资储备到产能储备的分级储备预案，防备突发事件的发生。第三，完善社区治理体系。从人力和物力两个层面给予社区更大力度的支持，建立常态化的社区治理系统。第四，释放地方活力。财政部下发通知，明确阶段性提高地方财政资金留用比例 5 个百分点，以保基本民生、保工资、保运转。地方政府也可以根据实际情况，适当扩大所辖区县财政资金留用比例，释放地方活力。

深化财税体制改革，确保政策行稳致远，做好补短板工作，强调通过增加政府责任，强调以效率促公平，通过重点领域、产业和区域更好的发展，助力"六稳"工作。

# 第六章 财政政策未来研究思考

在下一步的研究中,有哪些方向值得深入挖掘?作为在这一领域深耕多年的研究者,笔者通过对文献的梳理和总结,以及与其他同领域的学者的交流,发现在宏观经济学的研究趋势中,呈现出微观化的趋势。这一趋势主要体现在两方面,一是研究数据的微观化,即对于宏观经济的研究需要通过微观层面的数据提出现象或对宏观模型中的机制通过微观数据进行验证;二是模型的微观化,这指的是宏观经济建模的微观基础越来越细致,需要尽量细致地刻画模型中的经济活动主体的微观行为。

财政政策的研究趋势也离不开上述两个微观化。首先,进一步的研究需要利用更加微观的数据对财政政策的传导机制加以识别,这体现在两个主体层面的数据:第一个是微观企业,企业是经济活动的主体之一,也是受到财政政策影响最直接的微观主体。因此,财政政策怎样影响微观企业的行为是学术界需要关注的问题;对微观企业行为的研究也有助于理解财政政策的传导机制,从而为设计最优政策提供参考。第二个是微观政府,将财政政策研究的视角从中央政府转变为地方政府,在最近几年的研究中已有所体现。但是已有的研究并没有深入探究地方财政政策的作用机理和中央财政政策有何不同,因此,这也是下一步研究的方向之一。其次,另外一个微观化的方向是对政府行为的细致刻画。政府作为经济活动中影响非常巨大的主体,在宏观经济学研究中被刻画得过于简单。以财政政策为例,政府行为要么被描述成政策规则,要么被刻画成以最大化家庭福利为目标的"乐善好施"型政府。然而,在实际经济中,政府行为是复杂化的,目标函数也是多样化的。另外,政府之间的协调和策略互动也会影响政府行为和宏观经济。因此，对政府行为的细致刻画是下一步研究的重点方向。

接下来，本章就上述谈到的两个微观化研究方向做较为详细的讨论。

## 一、财政政策对微观企业的影响

现有的研究中，无论是利用宏观时间序列还是地区经济数据进行分析，都把关注重点放在了诸如产出、消费、投资等整体经济变量对财政政策的反应上，而忽视了微观企业对政策的反应。然而，企业是经济活动的主体之一，并且具有相当程度的异质性。这就导致同一政策对不同企业和家庭可能产生完全不同的影响。举例来说，Zwick 和 Mahon（2017）的研究表明，短期税收优惠政策对小企业的影响大于大企业，对更容易受到融资约束的企业的影响大于其他企业，进而税收政策的整体影响取决于小企业和受到融资约束的企业在经济中的比例。因此，深入考察微观企业如何受到财政政策的影响，不仅能够更加准确地估计政策效果，也能更加深入地捕捉到财政政策影响经济活动的微观机理。

企业不仅是经济活动的主体，也有相当程度的异质性。随之而来的一个关键的科学问题是，财政政策对异质性企业的影响几何，哪些因素使得企业在更大程度上受到了财政政策的作用？对这一问题的回答不仅将推进学术界对财政政策影响的微观机理的理解，也为决策者制定更具有针对性的政策提供理论依据。因此，未来的一个研究重点方向将关注财政支出和税收政策对微观企业的异质性影响。

一个可能的方法是将识别出的地方财政政策变动，结合工业企业数据库和上市公司数据库，考察财政支出和税收政策对辖区内企业经济活动的微观影响机制。理论上，财政支出和税收政策对企业的产出、投资、劳动力雇佣和研发行为都有着一定程度的影响。具体来说，政府支出的增加提高了市场短期需求，这会直接刺激企业加大生产。然而，财政支出的增加如何影响投资、劳动力雇佣和研发等企业行为却无法简单推断。一方面，市场需求的增加鼓励企业扩大生产、增加要素投入，并且由政府支出扩大带来的企业利润和市值增加（Fisher 和 Peters，2010）也会刺激企业进一步加大投资力度。另一方面，由于财政支出的扩张往往是短期的，而投资、研发，甚至劳动力雇佣（由于存在劳动力调整成本）等行为是企业的中长期决策。因此，财政支出对企业上述经济活动的影响尚不明确，需要严谨科学的探索。

进一步，财政支出政策对不同企业也有着异质性影响。例如，中国扩张性财政政策的实施通常以扩大基础设施建设为手段，这就意味着财政支出对基础设施建设相关行业的企业直接影响较大，而对其他行业的直接影响较小。从间接影响来看，直接受惠于财政支出扩张的企业由于获得了政府的商业合同，往往在信贷市场上具有一定的优势，从而可能挤出其他企业的信贷份额。进而通过信贷市场的扭曲，造成了资源配置在行业间和企业间的扭曲。从企业规模的角度来看，规模较大的企业通常较容易获得政府订单，而小企业直接受惠于财政扩张的可能性较小，这就造成了小企业在竞争中的进一步劣势，可能导致资源进一步集中于大型企业。当然，财政支出对不同企业的异质性影响渠道还有多种，例如要素价格渠道、金融约束渠道、上下游生产链条渠道等，在这里暂不一一论述。对这些可能渠道和机制的研究，也是本书的研究内容。

就税收政策而言，不同的税种影响着企业利润、要素的相对价格、研发的成本等，同时也对不同的企业产生了异质性影响。例如，Zwick 和 Mahon（2017）的研究表明，短期税收优惠政策对小企业的影响大于大企业，对更容易受到融资约束的企业的影响大于其他企业。就我国而言，自改革开放以来，我国也经历了多次全国层面的税收政策调整；同时，地方政府虽然没有改变法定税率的权利，但是却可以通过调节税收努力程度来改变企业的实际税率（陈晓光，2016；吕冰洋等，2016），这就造成了各地区之间的实际税率差异。因此，本书拟利用我国宏观层面的税收政策变化和地区之间实际税率的差异来研究税收政策对微观企业的影响。

## 二、地方信息和地方财政政策有效性

另一个值得研究的问题是，地方信息在地方财政政策有效性中起到的作用。现有的文献对地方信息是否有助于财政政策起到熨平地方经济波动的作用缺乏研究。长期以来，受到 Oates（1972）思想的影响，学术界认为通过财政政策来熨平经济波动是中央政府而不是地方政府的职责。因此，对财政政策效果的研究，多集中在中央政府政策层面。随着一国之内经济发展的不平衡和不一致的加剧，以及人们逐渐意识到地方信息在地区经济管理中的重要性（Huang 等，2017），越来越多的研究者认为地方政府的财政政策可能是平滑地方经济波动更有效、更及时的工具。然而，地方政府的财政政策对地区经济的影响究竟几何，地方信息在稳定地方经济的政策中具有多大的作用和重要性？这一系列问题在文献中尚没有得到很好的回答。

对财政政策效果的研究，通常聚焦于中央政府的政策上，而很少关注地方政府的财政政策对地方经济的影响（Carlino 和 Inman，2013）。其原因在于，由于存在需求溢出和劳动力转移的可能性，地方政府的经济刺激政策可能只会很有限地惠及地方经济发展，反而会使得当地政府背负过重的债务负担。因此，部分学者认为地方政府应该主要负责当地的公共品提供，而将稳定经济的责任完全交给中央政府（Oates，1972）。然而，随着国家之内的发展不平衡的加剧，各地区之间的经济周期可能并不一致。就我国而言，当东部地区处于经济过热阶段时，中部地区的经济可能刚刚从一个周期内开始起步，而西部地区可能还处于谷底阶段。这就造成了从国家整体层面进行宏观调控的难度偏大，也因此造就了定向降准等货币政策创新的出现。进一步来说，越来越多的证据表明，地方信息在经济管理中起到了显著的作用（如，Huang 等，2017）。相较于中央或省一级政府，市县级政府能够更及时、准确地掌握当地的信息，从而为制定和执行更符合当地经济状况的财政政策提供了可能。

基于上述分析，另一个值得研究的内容和拟解决的关键科学问题是，地方政府的财政政策能否有效地熨平当地经济周期，地方信息是否有助于地方财政政策稳定地区经济？对于第一个问题，可以从自动稳定器和相机抉择的财政政策两个方面入手，考察地方政府的这两种财政政策对当地经济波动的影响。具体来说，对于自动稳定器，Gali（1994）利用政府规模对其进行了度量，首先进行了开创性研究。他的研究发现，政府规模（即政府支出占 GDP 的比例）越大的国家，经济波动也相应越小。然而，Rodrik（1998）的研究表明，政府规模和经济波动有着很强的内生关联。为了解决这一内生性问题，Fatas 和 Mihov（2001）利用与主要贸易伙伴的距离、国土面积、人均产出、人口抚养比、城市化率、总产出和政治制度等变量作为政府规模的工具变量，对政府规模和经济波动的关系进行分析，结果表明两者仍然呈现显著负向关系。对于相机抉择的财政政策，Fatas 和 Mihov（2003）的研究发现，当赋予政府在执行财政政策时更大的相机决策权的时候，反而不利于经济稳定。可以借鉴上述几篇文献的研究方法，考察中国县级政府的自动稳定器作用和相机抉择的财政政策的影响。在具体的研究中，本书将根据中国的财政经济特点，从财政竞争、政治制度等角度出发，构建合适的工具变量以解决财政政策和经济波动的内生性问题。

对于第二个问题，即地方信息是否有助于地方政府稳定地区经济，可以借助中国中央和地方政府之间的财政制度展开研究。这一部分的难点是，地方信息是不可观测变量，那么如何从数据中挖掘出地方信息的作用就成为有待解决的关键科学问题。初步的研究发现，我国相当多的县级政府的财政支出中，有很大一部分来自上级政府的转移支付，这就使得地方财政政策在执行时受制于上级政府。而相对于地方政府而言，上级政府掌握的地方信息较少，且同一上级政府（如省政府）对辖区内不同地区的地方信息掌握程度由于距离不同等原因也不一致。这些特点为本书研究地方信息对地方财政政策的有效性的影响提供了思路。具体来说，第一，越依赖于转移支付的县级政府，其财政政策反映地方信息和当地经济需求的能力越弱，即对转移支付的依赖性将削弱地方财政政策的经济稳定效果。第二，其他条件相同的情况下，上级政府掌握的地方信息越少的县，其获得的转移支付与当地经济周期越不匹配（即上级转移支付越有可能表现出顺周期的性质）。因此，对转移支付的依赖性将会更大程度地削弱该县的财政政策的经济稳定作用。对上述两个理论假设，可以利用中国县级财政和经济数据以及严谨的计量方法予以检验，进而回答地方信息是否有助于地方政府执行更为有效的经济稳定政策这一问题。

## 三、政府在宏观经济中的角色和作用

新冠肺炎疫情在全球爆发以来，各国（地区）政府的具体抗疫政策呈现出显著差异，这些差异性的抗疫政策措施显示出巨大的偏好差异。新冠肺炎疫情处置过程中，各国（地区）与各级政府主体表现出极大的行为差别，由此引起抗疫成效和各国（地区）经济表现的显著差别，有力地说明政府主体行为会对宏观经济运行产生关键影响。然而，在目前宏观经济学的标准理论框架中，政府并不被当作一个具有自身偏好和约束条件的行为主体。标准的宏观经济学理论框架继承了古典福利经济学的思想，将政府行为理想化为社会福利最大化，将政府作为社会计划者。这一定位实际上消解了政府作为行为主体对宏观经济运行的重要作用，忽略了政府自身的偏好和多政府主体间的策略互动对宏观经济带来的关键影响。

这激发了我们在一般均衡理论基础上建立一个多政府主体行为分析模型框架，从理论上阐述政府作为内生行为主体对宏观经济运行不可忽略影响，突出政府对宏观经济影响的关键渠道。这一分析框架大幅拓展了基准的宏观经济政策 Ramsey 分析范式，且适用于分析党派与选举政治模式之外的政府组织形式，从而突破了新宏观政治经济学的理论局限。

以中央政府为例，中央政府不同部门之间由于政策目标不一致，导致不同部门的政策选择需要协调或者产生策略互动，进而影响社会福利。例如，作为宏观调控的两大工具，货币政策与财政政策之间的相互作用会影响总产出和物价水平等宏观经济变量（Leeper，2018）。本节以货币和财政政策为例，阐述中央政府部门间的互动与协调。

　　一般来说，货币部门关注通胀水平、总产出和金融稳定，财政部门关注政府债务的可持续性和总产出。二者的政策目标既有共同之处（总产出），又有各自关注的重点。货币政策和财政政策不仅会影响自身的目标变量，也会通过宏观经济各个部门的传导影响另一个部门的政策目标变量，产生了溢出效应。近来引发讨论的财政赤字货币化问题就是一个典型的例子。尽管财政部门和中央银行的政策目标都包含了刺激总产出以降低疫情对经济的负面影响，财政部门在推出一揽子财政政策的同时，也期望能够控制政府债务，因此提出央行以零利率购买国债这一"财政赤字货币化"的方案。然而，央行出于稳定物价水平和保持货币政策独立性的考虑，并不认同财政部门的这一方案。溢出效应的存在，使得在中央银行独立的体制下，两个部门不可避免地产生策略互动；在具有更上层机构统一管理的体制下，两个部门更加可能进行政策协调。

　　在文献中，大部分关于宏观经济政策协调的研究，局限于不同政策规则之间的搭配，很少有研究涉及对政策规则背后的政府行为的微观基础进行建模。本节基于本书第二节的理论框架，给出一个刻画货币与财政部门决策的微观基础的模型。为方便起见，我们将货币部门记为部门 1，将财政部门记为部门 2。货币部门的政策目标函数 $U^1(x^1,x^2;\omega) = V^1[E(x^1,x^2;\omega)]$，是一个将政策变量 $x^1,x^2$ 和外生变量 $\omega$，通过一般均衡 $E$ 投影到经济变量配置 $E(x^1,x^2;\omega)$，再通过 $V^1(\cdot)$ 映射成货币部门的"效用"的函数。具体的政策目标包括物价稳定和总产出稳定，如果考虑到宏观审慎，还可以包括金融稳定。如果用二次近似的方法来表达货币当局的政策目标，则可以把货币政策目标写为常见的二次型的损失函数的形式。类似地，财政部门的政策目标包括总产出稳定、政府债务稳定和分配平等性等。我们也可以采取二次近似的方法，将财政政策目标写成二次型的损失函数形式。

　　当货币政策独立，财政与货币部门进行策略互动时，我们可以利用二次近似将财政和货币部门的最优化问题写成如下形式：

货币政策：

$$\min_{\{x_t^1\}_{t=0}^\infty} E_0 \sum_{t=0}^\infty \beta^t \left\{ w_1 \pi_t^2 + w_2 \Delta y_t^2 + w_3 \left( \Delta \frac{L}{y} \right)_t^2 \right\}$$

约束条件：

$$E_t f^1(\{x_t^1, x_t^2\}_{t=0}^\infty, \omega_t) = 0$$

和

$$\{x_t^2\}_{t=0}^\infty \, given$$

其中，$\pi_t$、$\Delta y_t$ 和 $\left( \Delta \frac{L}{y} \right)_t$ 分别代表通胀水平、产出缺口和杠杆率，$w_j$ 代表各个政策目标之间的权重，$\{x_t^1\}_{t=0}^\infty$ 代表货币政策选择，包括利率政策、准备金政策和调整央行资产负债表等政策工具，$\{x_t^2\}_{t=0}^\infty$ 代表财政政策选择，包括调整支出、税收、转移支付和发行政府债务等工具，$f^1(\{x_t^1, x_t^2\}_{t=0}^\infty, \omega_t)$ 代表给定货币和财政政策以及外生变量 $\omega_t$ 的经济均衡和货币政策约束。

财政政策：

$$\min_{\{x_t^2\}_{t=0}^\infty} E_0 \sum_{t=0}^\infty \beta^t \left\{ w_1 \Delta y_t^2 + w_2 \Delta B_t^2 + w_3 (\Omega)_t^2 \right\}$$

约束条件：

$$E_t f^2(\{x_t^1, x_t^2\}_{t=0}^\infty, \omega_t) = 0$$

和

$$\{x_t^1\}_{t=0}^\infty \, given$$

其中，$\Delta B_t$ 和 $(\Omega)_t$ 分别代表政府债务与目标的偏离和收入分配与目标的偏离，$f^2(\{x_t^1, x_t^2\}_{t=0}^\infty, \omega_t)$ 代表给定货币和财政政策以及外生变量 $\omega_t$ 的经济均衡和财政政策约束。

上述问题表达货币当局和财政部门在最小化各自的损失函数的目标下，通过选择基于对方政策的最优响应政策，进行最优政策选择。财政和货币部门的政策博弈，最终决定了经济均衡。

当存在一个更高层的管理机构将财政与货币政策统一协调时，我们可以将宏观政策问题写成如下形式：

$$\max_{\{x_t^1, x_t^2\}_{t=0}^{\infty}} E_0 \sum_{t=0}^{\infty} \beta^t \{W_1 \times U_t^1 + W_2 \times U_t^2\}$$

约束条件

$$E_t f^1(\{x_t^1, x_t^2\}_{t=0}^{\infty}, \omega_t) = 0$$

和

$$E_t f^2(\{x_t^1, x_t^2\}_{t=0}^{\infty}, \omega_t) = 0$$

其中，$W_1$ 和 $W_2$ 分别代表货币政策和财政政策目标的权重。上述问题表示，在政策协调的框架下，可以看作存在一个更高层级的决策者，将货币和财政政策目标纳入统一的目标函数中加以考虑，并且同时满足货币和财政部门的政策约束，进而进行最优政策选择。

上述例子可以看出，我们可以通过从数据中挖掘不同政府部门的目标函数，建立政府部门的最优选择模型，在政策博弈或政策协调的框架下，得到不同政府部门的政策选择，从而取代现有文献中将政府决策描述为外生的政策规则的做法，使得政府部门决策行为具有微观基础的同时，也可以更深入地刻画不同政府部门之间的策略互动。值得一提的是，即使在同一个部门内部，由于政策的多目标，也可能产生策略互动或协调，因此同样可以用类似的模型框架加以讨论。例如，传统的货币政策和宏观审慎政策之间就存在着不同政策目标导致政策相互制约的问题（Bodenstein 等，2019）。

## 四、总结

从上述讨论可以看出，财政政策领域研究的微观化路径基本遵循着宏观经济学研究的路径。以微观数据为基础描绘出的宏观经济现象有助于帮助学者更准确地找到核心问题；利用微观计量的方法进行的实证研究一方面可以更科学地识别出因果关系，对宏观经济建模起到了一个引导作用，另一方面可以检验宏观经济理论；对市场微观主体行为的细致刻画从家庭、企业、金融机构延伸到政府，并且引入多地区、多层级、多部门的政府行为可以帮助宏观经济学家更清晰地研究政府的决策方式和政策后果，为寻找可行的最优政策提供了方向。

当然，上述几个研究方向只是笔者个人总结和提炼出的进一步研究方向，不可能完全囊括整个学术界对财政政策这一领域的所有的感兴趣的方向。例如，随着大数据和机器学习的兴起，宏观经济学的研究不可避免地要和这一新兴科学领域进行融合碰撞。这些学科交叉会给财政政策、宏观经济乃至整个经济学领域带来什么样的革命，目前还不能过早地下结论。但是，不可否认的是，经济学相关领域的研究不可避免地会受到这些新兴学科的重大影响，传统的研究方式和研究问题势必要更新换代。

科技的发展不仅会给科学研究方法和研究问题带来革新，还会给经济政策带来变革。就财政政策而言，大数据技术的进步使得原来不可能实施的政策变成了可能。例如，政府在给低收入人群的转移支付政策中，常常需要顾忌可能的道德风险问题，从而不得不在机制设计中大费周章。这不仅带来了效率上的损失，也使得一些政策无法实施。大数据技术的应用可以帮助政府部门精准地识别出需要政府帮助的低收入或者有困难的人群，从而精准施策，甚至不再需要考虑道德风险问题。这些技术革命带来的政策革新，毫无疑问也给经济学研究带来了新的课题。因此，在未来的财政政策研究中，需要研究者紧跟时代的步伐和科技的进步，这样才能挖掘出更适应时代的研究问题和研究方向。

# 参考文献

[1] 白重恩, 李宏彬, 吴斌珍. 医疗保险与消费: 来自新型农村合作医疗的证据. 经济研究, 2012 (2): 41-53.

[2] 卞志村, 杨源源. 结构性财政调控与新常态下财政工具选择. 经济研究 51, 2016 (3): 66-80.

[3] 卞志村, 赵亮, 丁慧. 货币政策调控框架转型, 财政乘数非线性变动与新时代财政工具选择. 经济研究, 2019 (9): 5.

[4] 陈登科, 陈诗一. 中国财政支出乘数研究——基于金融摩擦与"超低利率"的视角. 金融研究, 2017 (12): 17-32.

[5] 储德银, 崔莉莉. 中国财政政策产出效应的非对称性研究. 财贸经济 35, 2014 (12): 27-39.

[6] 甘犁, 刘国恩, 马双. 基本医疗保险对促进家庭消费的影响. 经济研究, 2010 (1): 30-38.

[7] 郭长林. 被遗忘的总供给: 财政政策扩张一定会导致通货膨胀吗?. 经济研究 51, 2016 (2): 30-41.

[8] 郭长林. 财政政策扩张, 纵向产业结构与中国产能利用率. 管理世界, 2016 (10): 13-33.

[9] 郭长林. 财政政策扩张、异质性企业与中国城镇就业. 经济研究 53, 2018 (5): 88-102.

[10] 郭长林. 积极财政政策, 金融市场扭曲与居民消费. 世界经济, 2016 (10): 28-52.

[11] 郭长林, 胡永刚, 李艳鹤. 财政政策扩张, 偿债方式与居民消费. 管理世界, 2013 (2): 64-77.

[12] 贺聪,项燕彪,陈一稀. 我国均衡利率的估算. 经济研究, 2013 (8): 107-19.

[13] 胡永刚,郭新强. 内生增长,政府生产性支出与中国居民消费. 经济研究, 2012 (9): 57-71.

[14] 胡永刚,郭长林. 财政政策规则,预期与居民消费——基于经济波动的视角. 经济研究, 2013 (3): 96-107.

[15] 贾俊雪. 公共基础设施投资与全要素生产率:基于异质企业家模型的理论分析. 经济研究, 2017 (2).

[16] 贾俊雪,郭庆旺. 财政支出类型,财政政策作用机理与最优财政货币政策规则. 世界经济, 2012 (11): 3-30.

[17] 李广众. 政府支出与居民消费:替代还是互补. 世界经济, 2005 (5): 38-45.

[18] 李明,李德刚. 中国地方政府财政支出乘数再评估. 管理世界 34, 2018 (2): 49-58.

[19] 李永友. 市场主体信心与财政乘数效应的非线性特征——基于Svar模型的反事实分析. 管理世界, 2012 (1): 46-58.

[20] 李永友,丛树海. 居民消费与中国财政政策的有效性:基于居民最优消费决策行为的经验分析. 世界经济 29, 2006 (5): 54-64.

[21] 李永友,钟晓敏. 财政政策与城乡居民边际消费倾向. 中国社会科学, 2012 (12): 63-81.

[22] 林东杰,崔小勇,龚六堂. 货币政策,消费品和投资品通货膨胀——基于金融加速器视角. 金融研究 465, 2019 (3): 18-36.

[23] 刘贵生,高士成. 我国财政支出调控效果的实证分析——基于财政政策与货币政策综合分析的视角. 金融研究, 2013 (3): 58-72.

[24] 刘昆. 积极的财政政策要大力提质增效. 国有资产管理, 2020 (3): 3.

[25] 马光荣,郭庆旺,刘畅. 财政转移支付结构与地区经济增长. 中国社会科学, 2016 (9): 105-125.

[26] 毛捷,赵金冉. 政府公共卫生投入的经济效应——基于农村居民消费的检验. 中国社会科学, 2017 (10): 70-89.

[27] 梅冬州,崔小勇,吴娱. 房价变动,土地财政与中国经济波动. 经济研究 53, 2018 (1): 35-49.

[28] 饶晓辉,刘方. 政府生产性支出与中国的实际经济波动. 经济研究 49, 2014 (11): 17-30.

[29] 王国静,田国强. 政府支出乘数. 经济研究 49, 2014 (9): 4-19.

[30] 王文甫. 价格黏性、流动性约束与中国财政政策的宏观效应——动态新凯恩斯主义视角. 管理世界, 2010 (9): 11-25.

[31] 王文甫,张南,岳超云. 中国财政政策冲击的识别与效应——符号约束方法下的 Svar 分析. 财经研究, 2015 (6): 70-81.

[32] 王文甫,朱保华. 政府支出的外部性和中国政府支出的宏观效应: 动态随机一般均衡视角. 经济科学, 2010 (2): 17-28.

[33] 王曦,汪玲,彭玉磊,宋晓飞. 中国货币政策规则的比较分析——基于 Dsge 模型的三规则视角. 经济研究, 2017 (9).

[34] 王妍. 金融摩擦会影响政府财政支出乘数吗?. 中国管理科学, 2015 (S1): 430-436.

[35] 吴化斌,许志伟,胡永刚,鄢萍. 消息冲击下的财政政策及其宏观影响. 管理世界, 2011 (9): 26-39.

[36] 吴俊培,张斌. 积极财政政策挤入效应的实证分析. 财贸经济, 2013 (7): 5-16.

[37] 薛立国,杜亚斌,张润驰,徐源浩. 财政政策对宏观经济波动的影响研究——基于金融加速器模型的分析. 国际金融研究, 2016 (10): 15-27.

[38] 袁申国,陈平,刘兰凤. 汇率制度,金融加速器和经济波动. 经济研究, 2011 (1): 57-70.

[39] 周波. 基于我国省域面板的财政政策产出稳定效应研究. 管

世界, 2014（7）: 52 – 66.

[40] 周燕, 潘遥. 财政补贴与税收减免——交易费用视角下的新能源汽车产业政策分析. 管理世界 35, 2019（10）: 133 – 149.

[41] Aiyagari, S. Rao, Lawrence J. Christiano, and Martin Eichenbaum. The Output, Employment, and Interest Rate Effects of Government Consumption. Journal of Monetary Economics 30, 1992（1）: 73 – 86.

[42] Acconcia, Antonio, Giancarlo Corsetti, and Saverio Simonelli. Mafia and Public Spending: Evidence on the Fiscal Multiplier from a Quasi – Experiment. *American Economic Review* 104, 2014（7）: 2185 – 2209.

[43] Adelino, Manuel, Igor Cunha, and Miguel A Ferreira. The Economic Effects of Public Financing: Evidence from Municipal Bond Ratings Recalibration. *The Review of Financial Studies* 30, 2017（9）: 3223 – 3268.

[44] Auerbach, Alan J, and Yuriy Gorodnichenko. Measuring the Output Responses to Fiscal Policy. *American Economic Journal: Economic Policy* 4, 2012（2）.

[45] Auerbach, Alan J, and Yuriy Gorodnichenko. Fiscal Multipliers in Recession and Expansion. In Fiscal Policy after the Financial Crisis, edited by Alberto Alesina and Francesco Giavazzi. Chicago: Univ. Chicago Press, 2013: 63 – 98.

[46] Bachmann, Rüdiger, and Eric R. Sims. Confidence and the Transmission of Government Spending Shocks. *Journal of Monetary Economics* 59, 2012（3）.

[47] Barro, Robert J, and Charles J Redlick. Macroeconomic Effects from Government Purchases and Taxes. *The Quarterly Journal of Economics* 126, 2011（1）: 51 – 102.

[48] Barro, Robert J., and Robert G. King. Time – Separable Preferences and Intertemporal – Substitution Models of Business Cycles. *The Quarterly Journal of Economics* 99, 1984（4）.

［49］ Baxter, Marianne, and Robert G. King. Fiscal Policy in General Equilibrium. *The American Economic Review* 83, 1993（3）.

［50］ Beetsma, Roel, and Massimo Giuliodori. The Effects of Government Purchases Shocks: Review and Estimates for the Eu. *The Economic Journal* 121, 2011（550）.

［51］ Beetsma, Roel, Massimo Giuliodori, and Franc Klaassen. The Effects of Public Spending Shocks on Trade Balances and Budget Deficits in the European Union. *Journal of the European Economic Association* 6, 2008（2 – 3）.

［52］ Bernanke, Ben S., Mark Gertler, and Simon Gilchrist. Chapter 21 the Financial Accelerator in a Quantitative Business Cycle Framework. *Handbook of Macroeconomics*, 1999（1）.

［53］ Bi, Huixin, Wenyi Shen, and Shu – Chun S. Yang. Debt – Dependent Effects of Fiscal Expansions. *European Economic Review* 88, 2016.

［54］ BILBIIE, FLORIN O., ANDRÉ MEIER, and GERNOT J. MÜLLER. What Accounts for the Changes in U. S. Fiscal Policy Transmission?. *Journal of Money, Credit and Banking* 40, 2008（7）.

［55］ Bjørnland, Hilde C, and Kai Leitemo. Identifying the Interdependence between Us Monetary Policy and the Stock Market. *Journal of Monetary Economics* 56, 2009（2）: 275 – 282.

［56］ Blanchard, Olivier, and Roberto Perotti. An Empirical Characterization of the Dynamic Effects of Changes in Government Spending and Taxes on Output. *The Quarterly Journal of Economics* 117, 2002（4）.

［57］ Boehm, Christoph E. Government Consumption and Investment: Does the Composition of Purchases Affect the Multiplier?. *Journal of Monetary Economics*, 2019.

［58］ Bouakez, Hafedh, Michel Guillard, and Jordan Roulleau – Pasdeloup. Public Investment, Time to Build, and the Zero Lower Bound. *Review of*

*Economic Dynamics* 23, 2017.

[59] Bouakez, Hafedh, and Nooman Rebei. Why Does Private Consumption Rise after a Government Spending Shock?. *Canadian Journal of Economics/ Revue canadienne d'économique* 40, 2007 (3): 954 –979.

[60] Burnside, Craig, Martin Eichenbaum, and Jonas D. M. Fisher. Fiscal Shocks and Their Consequences. *Journal of Economic Theory* 115, 2004 (1).

[61] Cai, Hongbin, and Qiao Liu. Competition and Corporate Tax Avoidance: Evidence from Chinese Industrial Firms. *The Economic Journal* 119, 2009 (537): 764 –795.

[62] Caldara, Dario, and Christophe Kamps. What Are the Effects of Fiscal Policy Shocks? A Var – Based Comparative Analysis, 2008.

[63] Calvo, Guillermo A.. Staggered Prices in a Utility – Maximizing Framework. Journal of Monetary Economics, 12, 1983 (3).

[64] Canzoneri, Matthew, Fabrice Collard, Harris Dellas, Behzad Diba, Fiscal Multipliers in Recessions, The Economic Journal, Volume 126, 2016 (Issue 590): 75 –108.

[65] Carlino, Gerald A., and Robert P. Inman. Local Deficits and Local Jobs: Can Us States Stabilize Their Own Economies?. *Journal of Monetary Economics* 60, 2013 (5).

[66] CARLSTROM, CHARLES T., TIMOTHY S. FUERST, and MATTHIAS PAUSTIAN. Fiscal Multipliers under an Interest Rate Peg of Deterministic Versus Stochastic Duration. *Journal of Money, Credit and Banking* 46, 2014 (6).

[67] Cavallo, Michele. Government Employment Expenditure and the Effects of Fiscal Policy Shocks, 2005.

[68] Chang, Chun, Kaiji Chen, Daniel F. Waggoner, and Tao Zha. Trends and Cycles in China's Macroeconomy. NBER Macroeconomics Annual

30, 2016 (1): 1 – 84.

[69] Chodorow – Reich, Gabriel, Laura Feiveson, Zachary Liscow, and William Gui Woolston. Does State Fiscal Relief During Recessions Increase Employment? Evidence from the American Recovery and Reinvestment Act. *American Economic Journal: Economic Policy* 4, 2012 (3): 118 – 145.

[70] Christensen, Ian, and Ali Dib. The Financial Accelerator in an Estimated New Keynesian Model. *Review of Economic Dynamics* 11, 2008 (1): 155 – 178.

[71] Christiano, Lawrence, Martin Eichenbaum, and Sergio Rebelo. When Is the Government Spending Multiplier Large?. *Journal of Political Economy* 119, 2011 (1): 78 – 121.

[72] Christiano, Lawrence J., Martin Eichenbaum, and Charles L. Evans. Nominal Rigidities and the Dynamic Effects of a Shock to Monetary Policy. Journal of Political Economy 113, 2005 (1): 1 – 45.

[73] Clemens, Jeffrey, and StephenMiran. Fiscal Policy Multipliers on Subnational Government Spending. *American Economic Journal: Economic Policy* 4, 2012 (2).

[74] Cogan, John F., Tobias Cwik, John B. Taylor, and Volker Wieland. New Keynesian Versus Old Keynesian Government Spending Multipliers. *Journal of Economic Dynamics and Control* 34, 2010 (3).

[75] Cohen, Lauren, Joshua Coval, and Christopher Malloy. Do Powerful Politicians Cause Corporate Downsizing?. Journal of Political Economy 119, 2011 (6): 1015 – 1060.

[76] Conley, Timothy G., and Bill Dupor. The American Recovery and Reinvestment Act: Solely a Government Jobs Program?. *Journal of Monetary Economics* 60, 2013 (5).

[77] Correia, Isabel, Emmanuel Farhi, Juan Pablo Nicolini, and Pedro Teles. Unconventional Fiscal Policy at the Zero Bound. *American Economic*

*Review* 103, 2013 (4).

[78] Corsetti, Giancarlo, Keith Kuester, André Meier, and Gernot J Müller. Debt Consolidation and Fiscal Stabilization of Deep Recessions. *American Economic Review* 100, 2010 (2).

[79] Corsetti, Giancarlo, André Meier, and Gernot J Müller. Fiscal Stimulus with Spending Reversals. *Review of Economics and Statistics* 94, 2012 (4): 878 – 895.

[80] Crafts, Nicholas, and Terence C Mills. Rearmament to the Rescue? New Estimates of the Impact of "Keynesian" Policies in 1930s' Britain. *The Journal of Economic History* 73, 2013 (4): 1077 – 1104.

[81] D'Alessandro, Antonello, Giulio Fella, and Leonardo Melosi. Fiscal Stimulus with Learning – by – Doing. *International Economic Review* 60, 2019 (3): 1413 – 1432.

[82] Dupor, Bill, and Rodrigo Guerrero. Local and Aggregate Fiscal Policy Multipliers. *Journal of Monetary Economics* 92, 2017: 16 – 30.

[83] Dupor, Bill, and Rong Li. The Expected Inflation Channel of Government Spending in the Postwar U. S. *European Economic Review* 74, 2015.

[84] Dupor, Bill, and Peter B. McCrory. A Cup Runneth Over: Fiscal Policy Spillovers from the 2009 Recovery Act. *The Economic Journal* 128, 2018 (611).

[85] Edelberg, Wendy, Martin Eichenbaum, and Jonas D. M. Fisher. Understanding the Effects of a Shock to Government Purchases. *Review of Economic Dynamics* 2, 1999 (1).

[86] Eggertsson, Gauti B, and Michael Woodford. Optimal Monetary and Fiscal Policy in a Liquidity Trap. National Bureau of Economic Research, 2004.

[87] Eggertsson, Gauti B. , Michael Woodford, Tor Einarsson, and Eric M. Leeper. Optimal Monetary and Fiscal Policy in a Liquidity Trap (with Comments). *NBER International Seminar on Macroeconomics*, 2004.

[88] Eichenbaum, Martin S., and Jonas D. M. Fisher. Fiscal Policy in the Aftermath of 9/11. *Journal of Money, Credit, and Banking* 37, 2005 (1).

[89] Erceg, Christopher, and Jesper Lindé. Is There a Fiscal Free Lunch in a Liquidity Trap?. *Journal of the European Economic Association* 12, 2014 (1): 73 – 107.

[90] Fan, Z. and X. Li. Political Connections and the Allocation of Fiscal Transfer. *Economic Research*, 2014 (6): 129 – 141.

[91] Fatás, Antonio, and Ilian Mihov. The Case for Restricting Fiscal Policy Discretion. *The Quarterly Journal of Economics* 118, 2003 (4).

[92] Fatás, Antonio, and Ilian Mihov. Government Size and Automatic Stabilizers: International and Intranational Evidence. *Journal of International Economics* 55, 2001 (1).

[93] Fève, Patrick, Julien Matheron, and Jean – Guillaume Sahuc. A Pitfall with Estimated Dsge – Based Government Spending Multipliers. *American Economic Journal: Macroeconomics* 5, 2013 (4).

[94] Finn, Mary G. Cyclical Effects of Government's Employment and Goods Purchases. *International Economic Review*, 1998: 635 – 657.

[95] Fishback, Price V, andValentina Kachanovskaya. *In Search of the Multiplier for Federal Spending in the States During the New Deal*. National Bureau of Economic Research, 2010.

[96] Fisher, Jonas DM, and Ryan Peters. Using Stock Returns to Identify Government Spending Shocks. *The Economic Journal* 120, 2010 (544): 414 – 436.

[97] Galí, Jordi, J David López – Salido, and Javier Vallés. Understanding the Effects of Government Spending on Consumption. *Journal of The European Economic Association* 5, 2007 (1): 227 – 270.

[98] Guo, Qingwang, Chang Liu, and Guangrong Ma. How Large Is the Local Fiscal Multiplier? Evidence from Chinese Counties. *Journal of Comparative*

Economics 44, 2016 (2).

[99] Ilzetzki, Ethan, Enrique G. Mendoza, and Carlos A. Végh. How Big (Small?) Are Fiscal Multipliers?. *Journal of Monetary Economics* 60, 2013 (2).

[100] Jeong, Kang, and Kim. Effects of Government Spending Shocks in China, Japan, and Korea. *China Economic Journal* 10, 2017 (2).

[101] Kimball, M. S. The Quantitative Analytics of the Basic Neomonetarist Model. *Journal of Money, Credit, and Banking*, 1995 (27): 1241 – 1277.

[102] Kliem, Martin, and Alexander Kriwoluzky. Toward a Taylor Rule for Fiscal Policy. *Review of Economic Dynamics* 17, 2014 (2).

[103] Leduc, Sylvain, and Daniel Wilson. Roads to Prosperity or Bridges to Nowhere? Theory and Evidence on the Impact of Public Infrastructure Investment. *NBER Macroeconomics Annual* 27, 2013 (1).

[104] Leeper, Eric M, Michael Plante, and Nora Traum. Dynamics of Fiscal Financing in the United States. *Journal of Econometrics* 156, 2010 (2): 304 – 321.

[105] Leeper, Eric M, Nora Traum, and Todd B Walker. Clearing up the Fiscal Multiplier Morass. American Economic Review 107, 2017 (8): 2409 – 2454.

[106] Leeper, Eric M., Todd B. Walker, and Shu – Chun S. Yang. Government Investment and Fiscal Stimulus. *Journal of Monetary Economics* 57, 2010 (8).

[107] Li, Bing, and Qing Liu. On the Choice of Monetary Policy Rules for China: A BayesianDsge Approach. *China Economic Review* 44, 2017.

[108] Li, Jingchao, and Rong Li. Time – to – Build, Consumption Complementarity, and Fiscal Stimulus. *Economics Letters* 163, 2018.

[109] Li, Rong. Putting Government Spending Shocks under the Micro-

scope: Standard Vector Autoregression Versus the Narrative Approach. *Finanz - Archiv: Zeitschrift für das Gesamte Finanzwesen* 73, 2017 (3): 237.

[110] LI, RONG, and XIAOHUI TIAN. Spending Reversals and Fiscal Multipliers under an Interest Rate Peg. *Journal of Money, Credit and Banking* 50, 2018 (4).

[111] Lindé, Jesper, and Mathias Trabandt. Should We Use Linearized Models to Calculate Fiscal Multipliers?. *Journal of Applied Econometrics* 33, 2018 (7): 937 - 965.

[112] Nakamura, Emi, and Jón Steinsson. Fiscal Stimulus in a Monetary Union: Evidence from Us Regions. *American Economic Review* 104, 2014 (3).

[113] Nakata, Taisuke. Optimal Government Spending at the Zero Lower Bound: A Non - Ricardian Analysis. *Review of Economic Dynamics*, 2016.

[114] Nie, H., T. Jiang, and R. Yang. The Current Status and Potential Problems of the Usage of Chinese Industrial Enterprise Database. *The Journal of World Economy*, 2012 (5): 142 - 158.

[115] NICKEL, CHRISTIANE, and ANDREAS TUDYKA. Fiscal Stimulus in Times of High Debt: Reconsidering Multipliers and Twin Deficits. *Journal of Money, Credit and Banking* 46, 2014 (7).

[116] Oates, Wallace E. Fiscal Federalism. *Books*, 1972.

[117] Pappa, Evi. The Effects of Fiscal Shocks on Employment and the Real Wage. *International Economic Review* 50, 2009 (1).

[118] Perotti, Roberto. Estimating the Effects of Fiscal Policy in Oecd Countries, 2005.

[119] Ramey, Valerie A. Can Government Purchases Stimulate the Economy?. *Journal of Economic Literature* 49, 2011 (3).

[120] Ramey, Valerie A. Identifying Government Spending Shocks: It's All in the Timing. *The Quarterly Journal of Economics* 126, 2011 (1): 1 - 50.

[121] Ramey, Valerie A., and Matthew D. Shapiro. Costly Capital Real-

location and the Effects of Government Spending. *Carnegie – Rochester Conference Series on Public Policy* 48, 1998.

[122] Ramey, Valerie A., and Sarah Zubairy. Government Spending Multipliers in Good Times and in Bad: Evidence from Us Historical Data. Journal of Political Economy 126, 2018 (2): 850 – 901.

[123] Ravn, Morten O., Stephanie Schmitt – Grohé, and Martín Uribe. Consumption, Government Spending, and the Real Exchange Rate. *Journal of Monetary Economics* 59, 2012 (3).

[124] Ravn, Morten, Stephanie Schmitt – Grohé, and Martín Uribe. Deep Habits. *The Review of Economic Studies* 73, 2006 (1).

[125] Rendahl, Pontus. Fiscal Policy in an Unemployment Crisis. *The Review of Economic Studies* 83, 2016 (3): 1189 – 1224.

[126] Rodrik, Dani. Why Do More Open Economies Have Bigger Governments?. *Journal of Political Economy* 106, 1998 (5): 997 – 1032.

[127] Rossi, Barbara, and SarahZubairy. What Is the Importance of Monetary and Fiscal Shocks in Explaining Us Macroeconomic Fluctuations?. *Journal of Money, Credit and Banking* 43, 2011 (6): 1247 – 1270.

[128] Rotemberg, Julio J, and Michael Woodford. The Cyclical Behavior of Prices and Costs. *Handbook of macroeconomics* 1, 1999: 1051 – 1135.

[129] Shah, Anwar, and Chunli Shen. Fine Tuning the Intergovernmental Transfer System to Achieve a Harmonious Society and a Level Playing Field for Regional Development in China. *Public Finance for a Harmonious Society in China*, 2006.

[130] Shen, Wenyi, and Shu – Chun S. Yang. Downward Nominal Wage Rigidity and State – Dependent Government Spending Multipliers. Journal of Monetary Economics 98, 2018: 11 – 26.

[131] Shi, Xinzheng. Does an Intra – Household Flypaper Effect Exist? Evidence from the Educational Fee Reduction Reform in Rural China. *Journal of*

Development Economics 99, 2012 (2).

[132] Shi, Yingxin, and Mototsugu Fukushige. Long-Run Fiscal Multipliers for Autonomous Prefectures in C Hina. *Pacific Economic Review* 20, 2015 (5): 687-695.

[133] Shoag, Daniel. The Impact of Government Spending Shocks: Evidence on the Multiplier from State Pension Plan Returns. *unpublished paper, Harvard University*, 2010.

[134] Shoag, Daniel. Using State Pension Shocks to Estimate Fiscal Multipliers since the Great Recession. *American Economic Review* 103, 2013 (3): 121-124.

[135] Smets, Frank, and Rafael Wouters. Shocks and Frictions in Us Business Cycles: A Bayesian Dsge Approach. *American Economic Review* 97, 2007 (3).

[136] Snyder, Jason Alan, andIvo Welch. Do Powerful Politicians Really Cause Corporate Downsizing?. *Journal of Political Economy* 125, 2017 (6): 2225-2231.

[137] Song, Zheng, Kjetil Storesletten, and Fabrizio Zilibotti. Growing Like China. *American Economic Review* 101, 2011 (1).

[138] Suárez Serrato, Juan Carlos, and Philippe Wingender. Estimating Local Fiscal Multipliers. National Bureau of Economic Research, 2016.

[139] Uhlig, Harald. Some Fiscal Calculus. *American Economic Review* 100, 2010 (2).

[140] Wang, Xin, and Yi Wen. Macroeconomic Effects of Government Spending in China. *Pacific Economic Review* 24, 2019 (3).

[141] Wilson, Daniel J. Fiscal Spending Jobs Multipliers: Evidence from the 2009 American Recovery and Reinvestment Act. *American Economic Journal: Economic Policy* 4, 2012 (3).

[142] Woodford, Michael. Simple Analytics of the Government Expendi-

ture Multiplier. *American Economic Journal*：*Macroeconomics* 3，2011（1）.

［143］Zhang，Wen. Political Incentives and Local Government Spending Multiplier：Evidence for ChineseProvinces（1978 – 2016）. *Economic Modelling* 87，2020.

［144］Zhang，Wen，Yangyang Zhang，Xinye Zheng，and Li Zhang. China's Fiscal Multiplier and Its State Dependence. *The Manchester School* 87，2019（2）：205 – 227.

［145］ZUBAIRY，SARAH. On Fiscal Multipliers：Estimates from a Medium ScaleDsge Model. *International Economic Review* 55，2014（1）.

# 后　记

　　对财政政策和经济稳定的研究自凯恩斯以来，已有 80 多年的历史。可以说，从宏观经济学诞生那天起就有无数学者在这一领域辛苦耕耘。在这一历史长河中，财政政策的研究和宏观经济理论与实证共同进步，相辅相成，取得了丰硕的研究成果，也深刻影响了各国宏观经济政策的制定和执行。在大萧条以来的数次经济危机中，财政政策曾力挽狂澜，取得令人瞩目的政策效果，加快了经济复苏，帮助无数的家庭和企业度过难关。正是因为财政政策在熨平经济波动中所起到的巨大作用，学术界和政府部门对财政政策的政策效果和传导机制一直保持着密切的关注。

　　笔者自攻读博士以来，在财政政策研究这一领域已深耕 10 余年，对财政政策的一般性理论和实证研究，以及基于中国经济特点的理论和实证研究都有一定的探索。因此，对财政政策和经济稳定之间的关系有着一些理解。行文至此，本书也就到了最后的收尾阶段。在这里，笔者想谈谈财政政策，尤其是财政支出扩张这一具体的经济刺激政策是否能够熨平经济波动，帮助陷入衰退的经济体加快复苏的步伐。也许有读者好奇，本书全部的研究不都是在讨论这一问题吗，怎么到书的末尾还在探讨，而不是给出一个确定的答案呢？这就不能不提到财政政策这一研究领域的特点了。财政政策之所以能够成为 80 多年来不断被研究的领域，正是因为在该领域始终得不到让所有人都认可的共识。这主要是因为政府支出与总产出之间的内生性问题，导致学术界不得不依赖识别假设来进行因果关系的判断。然而，正如前文中提到的，到目前为止，还没有哪一种识别假设能够做到完美，或者做到让所有学者都能够认可的程度。实证研究的争论自然会传导到理论研究中来，因此，在这一领域，我们依然只能够做一些讨论，而不能给出某种确定性的回答。没有确定性的答案是一种缺憾，但对研究人员来说也是一种幸运。这是因为悬而未决的问题总是有让研究者继续探索的动力。这也是笔者能够在这一领域坚持这么久的原因。

说回财政政策与经济稳定这一话题。那么，就这一问题，我们有哪些结果是可以当作一般性的结论呢？笔者认为有以下几点。第一，财政政策的效果是随经济状态而变的（state-dependent）。这里面所说的经济状态（state）不仅仅局限于经济周期，而可以是一个内涵非常广泛的一个概念。例如，这一状态可以是政府债务的高低，可以是货币政策"逆风向而动"的程度，可以是融资约束收紧的程度，可以是经济发展水平，也可以是国际资本流入或流出等一系列经济状态。在本书的研究中，仅对经济周期这一个状态进行了讨论，在文献中，学者们还就上述一系列状态进行了探索，也取得了很多成果。第二，财政支出扩张的政策效果取决于财政支出的类型。从大类分，财政支出可以分为政府消费、政府投资和政府雇佣人员的支出。将这些大类再细分又可以分成基建支出、民生支出、科技支出等一系列政府支出。不同类型的政府支出影响的经济主体和企业主体不尽相同，因此，他们在经济中的传导机制和政策效果也有所不同。第三，财政政策的效果取决于实施政策的政府层级。中央政府和地方政府都是实施财政政策的政府主体，但两类政府之间由于收入来源、与市场的距离以及对货币政策的影响程度等方面的差异，在财政政策的实施效果上也会产生显著的不同。因此，在研究财政政策时，还需要对政策实施的政府主体加以区分。

从上述几点一般性的结论可以看出，财政政策的传导机制和政策效果非常复杂，受到多方面因素的影响。由于财政刺激政策通常成本高昂，并且在政策实施时往往是经济遇到严重危机之时，因此，经济学者能给政策部门的建议是在政策制定之时需要慎之又慎、有的放矢，不仅对当前经济负责，也要考虑到政策的长期影响。

作者<br>2021 年 1 月